名企業家に学ぶ

「死んでたまるか」の成功術

河野守宏

まえがき

信長が本能寺で横死したとき、秀吉は高松城を水攻めにし、救援にかけつけた三万の毛利軍と対峙していた。

変報に接するや、秀吉は思わず尻もちをつき、声をあげて泣いた。動顚し、目の前が真っ暗になったろう。自分を可愛がってくれた主人が死んだ悲しみと同時に、これで自分の命運も尽きたという直観が働いたことはたしかである。

すでに毛利側から和睦の申し入れがあったが、これは「信長親征」の情報が伝わったからで、もし「信長横死」の知らせがとどいたら毛利軍が奮い立つのは火を見るよりも明らかだ。そこへ背後を明智軍がおびやかしてくるだろう。これまで信長の権勢に服従してきた諸大名もどう動くかわからない。

〈この遠隔地で強大な毛利軍を前に動くに動けず、孤立したまま、四方からゆすぶられ、踏みつぶされてしまうのか……〉

だが、悲嘆に沈んでいたのは一瞬だった。

「くそッ、死んでたまるかッ！」

秀吉は涙をふり払い、生か死かの正念場に奮起する。針の落ちる音も聞きのがさない緊張のなかで、彼は死力をふるう。ここからの行動は圧巻だ。変報を毛利に知らせる飛脚を捕えるために陸路、水路を断ち、厳戒体制を布きながら和睦交渉をぶりかえす。弱味を見せれば疑われるから、高松城主清水宗治の切腹を要求したが、他の条件はゆずれるかぎり寛大にする。

こうして講和は成立、そして撤退。その迅速なること風の如しだ。戦史に名高い『中国大返し』を演じ、二日後には姫路城にかえり、それから四日後には尼ヶ崎に入る。撤退後わずか一週間で明智軍と山崎で会戦し、一日でこれを潰滅した。しかもこの間、四方八方に気を配り、近隣の諸大名に反明智の調略をはかっている。不眠不休、激しい緊張の連続だった。

ここに秀吉の将来は決定した。かりに、である。織田家筆頭家老の柴田勝家や同盟軍の徳川家康が弔い合戦を先行していたら、どうだったか。秀吉の行手が順調にひらけることはなかったろう。

日ごろ秀吉は「人は、いずれ土に帰る」と言っている。「死んでもともと」と覚悟を腹の底に据えていた。が、いったん危機に遭遇すると、彼は渾身の力をふるって立ち向かう。その凄さ、まさに「死んでたまるか」精神の権化である。英傑はここのところが違うのだ。

人は誰でも、生涯に一、二度は生死を分ける岐路に立つ。この人生の切所、急所、正念場に直面したとき、人はどう対処すべきか。死力をふるって乗りきるか、安易に流れて妥協するかで人生の明暗は決まるだろう。

本文では危機に際会して「死んでたまるか！」と発奮し、死力をふるった企業家を取りあげた。古くは江戸から明治・大正・昭和へと大車輪の活躍をした異色の人物たちである。

社会的な背景は今とは違って、その手法、理念には納得できない点も多々あるだろう。しかし、その死にもの狂いの生き様にはドラマチックな感動がある。大難に挑む決意と凄絶な行動には共感を呼ぶものがあるだろう。この「死んでたまるか」精神を是非とも腹の中にのみこんでほしい。

河野守宏

もくじ

まえがき——3

鳥井信治郎

ウイスキーはわしの命だ。いまに見ておれ！

●ウイスキーはわしの夢だ。裸になっても、この夢は実現させる！ 17
●日本人の味覚にそった甘いブドウ酒をつくるしかない 20
●日本最初のセミヌードポスター 22
●運のない者に仕事をやらしたらあきまへん 24
●「サントリーウイスキー角瓶」「サントリーオールド黒丸」誕生
ボーナス五十カ月の高収益 26
●もともとウイスキーはあいつらのものだ。
こんどは占領軍を相手に商売しよう 27
●大将のためやったら、いつでも命を投げ出したろと覚悟ができたんや 29

本田宗一郎

世界最高のオートバイ・レース〝TTレース〟に参加して優勝する!

●要は自分に科学的知識がないからだ、いまさら学生服を着るには抵抗があるが、見栄や体裁にとらわれていたら道はひらけない 35

●ガソリンのにおいをかぐと、気が遠くなるほどいい気分になった 36

●得意満面、やりたい放題のアート商会浜松支店時代 38

●「ドリーム号」誕生、藤沢との出会い「技術の本田、販売の藤沢」といわれる名コンビの誕生 41

●TTレースの優勝、「世界のホンダ」へ飛躍 44

稲盛和夫

いまのやり方ではダメだ、戦法を変えようそうだ!うちの製品をアメリカから輸入させればよい

●経営安定のため懸命にニュー・セラミックを売りこむ「せめてテストだけでもしてほしい」 49

●アメリカのメーカーに使ってもらい、その製品が日本に輸入されれば日本の大手メーカーも注目するだろう！ 51
●二度の中学受験に失敗、大学、就職も第一志望は失敗 54
●全員が「誓詞」に血判を捺し、独立、京都セラミック社が誕生 56
●NTTに対抗し、「第二電電」を設立 57
●「私が社長を引き継ぐ。死力をつくして弔い合戦をやりとげる」 58

出光佐三
殺せるものなら殺してみろ。わしは死なん

●社員を見捨てることができるか。会社が倒れたら、私もみんなと一緒に乞食をする 63
●どこかに突破口はないか、どうすれば風穴をとおすことができるか 66
●不凍油の完成で満鉄に進出、朝鮮、中国大陸へと市場を席捲 68
●国内市場をメジャーに独占させるな。搾取を排せ 70
●世界中のメジャーやイギリス政府に対する大胆不敵な挑戦、日章丸はアバダンへ向けて出航 72
●定年制がない。出勤簿、管理、罰則もない出光興産 74

松下幸之助
断じて行なえば必ずものは成り立つ!
●生産開始直後、にわかに契約解除を申し出てきた総代理店 79
●一軒一軒頭を下げ、問屋を訪ね歩く 80
このへりくだった辛抱強い対応が、販路開拓を成功に導いた
●母が恋しくて泣けて泣けて仕方がなかった、火鉢屋の小僧時代 82
●新しい電気の時代がくる予感に、胸が躍る 83
●従業員は一人も解雇しない。給料も全額支給する。 88
そのかわり全員でストックの販売にあたる
●経営者と労働者は車の両輪だ。 90
この均衡がとれてこそ会社は健全に運営されていく

野村徳七
命を賭けた大相場に勝った!
●〈時いたれり〉、買って買って買いまくれ! 99

●いまの相場は狂っている。すぐに恐慌がやってくる 100
●買い方から離れろ、売りに回れ 100
●これ以上、取引きをつづけるには莫大な証拠金と
追証が必要だ。あと数日の命しかない 102
●若冠三十歳、成金頭にのしあがった。命を賭けた大相場に勝ったのだ。 104
●首をくくるか、腹をくくるか、二つに一つ 105
●株屋から証券業者への脱皮、そして意識革命の徹底へ 108

河村瑞賢

おれにもツキがまわってきたぞ
江戸一番の分限者になってみせる！

●これを塩漬けにして江戸へかついで行けば、きっと売れる！ 115
●大火の知らせが木曽の材木問屋にとどく前に材木を買い占めろ 117
●航路開拓、治水工事、銀山開発の功績でついに旗本に 119
●心は小さく、こまかく持て。大気者といわれるように
振舞っていたら、立身しても、たちまちしぼんでしまう 121

岩崎弥太郎
恥がなんだ、面目がなんだ
生きてさえいれば、なんとかなる
●地下浪人の子として屈辱的な差別をうけた憤懣と悲哀の日々 127
●「開国貿易」「殖産興業」をとなえる吉田東洋に目をかけられた弥太郎の幸運 130
●殺されては元も子もなかろう。名より命が大切だ 132
●後藤象二郎の引き立てで開始した海運業。大車輪の活躍 134
●海運界に君臨〈すべてがおれの意のままだ〉 136
●三菱・三井〝狂気の沙汰〟の大戦争 137
●病床から極秘裡に指令を出した共同運輸株の買入れ 140
●三菱の支配下に収められた日本郵船 142

浅野総一郎
誰もがやれる商売では駄目なのだ
要は、人が目を向けないところに目をつけることだ！
●そうか！　東京では水でも金になるのだ 151

●おれは銭屋五兵衛のような豪商になる！ 152
●人は四時間眠ればよい。それ以上寝るとバカになる 155
●産物会社設立、籾で大損害、養家追放。
蓆商会設立、高利貸から大借金、夜逃げ 157
●人が捨てたもの、コークス、コールタールで大儲け 158
●公衆便所の汲取りで利益、肥料工場へ発展 161

益田　孝
最後に勝てばよいのだ！

●なにがなんでも三池は買わねばならぬ、
万が一にも三池が人手に渡ったら物産はおしまいだ 165
●相手は恐るべき大敵三菱だ
どのような手練手管を弄するかわかったものではない 167
●慎重にいかないと悔いを千載に残す
——悩みに悩み、一晩で髪がまっ白になった 169
●明治九年三井物産誕生。従業員十六人。
無資本、無資産、その仕事ぶりは迅速 172

●三池炭の輸出は三井物産を支える大黒柱に　174
●運命を暗転させせた中上川彦次郎の出現　176
●〈益田ナニスルモノゾ〉　177
●小僧めが！　やってくれたな。いまにみとれ　180
●〈最後に勝てばよいのだ〉、第一級のしたたかさ、しぶとさ　182

江崎利一

こっちから頼んで歩かなくても向こうから売らせてくれと頼みにくるにきまっている！

●ここを攻め落とさなければグリコは死ぬ　191
●〝栄養菓子グリコ、三越および信用ある菓子店にあり〟　193
●これだ！　ブドウ酒を大樽で仕入れて、この空びんに小分けして売ればいい　194
●この煮汁に、グリコーゲンが入っているかもしれない。ひょっとすると……　196
●いったん売れだすと、もう止まらない。「一粒三〇〇メートル」の勢いで突っ走る。　198

本文イラスト／山口三男

ウイスキーはわしの命だ
いまに見ておれ

鳥井信治郎

【とりい・しんじろう
一八七九——一九六二】

一九二一年寿屋を設立、二九年には国産初のウイスキー『サントリーウイスキー白札』を発売し、今日のサントリーの礎を築いた。

昭和四年『サントリーウイスキー白札』が誕生した。が、救いの神にはならなかった。期待に反してさっぱり売れない。信治郎の眼には涙がうかんだ。

昭和五年には「サントリーウイスキー赤札」を発売したが、これまた売れない。

昭和六年、資金不足は深刻をきわめた。大量の大麦、ビート、酵母、樽などを買い入れる金がない。寿屋の財政状態は破産寸前だった。信治郎は金策に走りまわったが、徒労におわり、万策尽きた。

「駄目か……」

信治郎はうめき、原料の買入れを断念した。〈道楽はやめたがいい。赤玉だけやっていれば困ることはないのだ〉世間の嘲りに信治郎のはらわたが煮えくりかえる。

〈道楽とはなんだ！　ウイスキーはわしの夢だ。裸になっても、この夢は実現させせる〉

ウイスキーはわしの夢だ。裸になっても、この夢は実現させる！

大正十三年五月、鳥井信治郎は日本初の国産ウイスキーの製造に踏みきった。

この決断に寿屋《ことぶきや》の役員はみな反対にまわる。赤玉ポートワインがどんどん売れ、企業が軌道に乗って将来の安泰が約束されているのに、そんな危険な投資はすべきでないというのが一致した考えだった。

それというのも、当時、ウイスキーはスコットランド以外では駄目だと思われていたし、日本でウイスキーができる保証は一つもなかった。そのうえウイスキーは最低五、六年の貯蔵期間が必要で、この間、多額の資金を原酒の仕込みに注ぎこむのは大変な冒険に違いないのだ。「それまで金がつづきますか。借金で首がまわらなくなり、夜逃げをしなければならなくなったら一大事」というのが全員の悲痛な反対意見だった。

だが、信治郎は断乎として決心を変えない。〈わし一人でもやる！〉と強硬である。

大将がここまで頑固に言い張る以上は、役員を辞めるか、従うかのどちらかしかない。役員たちは沈黙するほかはなかった。

その役員たちの不安は適中した。一年、二年と、毎年、莫大な金をつかってウイスキーをつくり、樽詰めのまま倉庫に寝かせておくのだから収入は皆無である。いくら赤玉ポートワインが好調とはいえ、資金ぐりは苦しくなる。

「大将、もうお手あげでっせ」

と経理担当者は悲鳴をあげる。

大正十五年七月に発売した半練歯磨『スモカ』は人気がよく、どんどん売れた。が、これとて穴を埋めるまでにはいたらない。昭和二年、三年と寿屋には暗いトンネルがつづく。信治郎は資金難の重圧に七転八倒した。

昭和四年『サントリーウイスキー白札』が誕生した。が、救いの神とはならなかった。期待に反してさっぱり売れない。信治郎の眼には涙がうかんだ。調味料『トリスソース』を売り出し、矢つぎ早にビール製造に乗り出す。回転の早い商品で急場をしのぐ魂胆だ。この『オラガビール』の安売りは人気を呼び、多少なりとも穴埋めに役立った。昭和五年には『サントリーウイスキー赤札』を発売したが、これまた売れない。信治郎の両眼はふたたび涙で曇る。

昭和六年、資金不足は深刻をきわめた。大量の大麦、草炭《ピート》、酵母、樽などを買い入れる金がない。寿屋の財政状態は破産寸前だった。信治郎は金策に走りまわったが、徒労におわり、万策尽きた。

「駄目か……」

信治郎はうめき、原料の買入れを断念した。〈道楽はやめたがいい。赤玉だけやっていれば困ることはないのだ〉世間の嘲りに信治郎のはらわたが煮えくりかえる。

〈道楽とはなんだ！　ウイスキーはわしの夢だ。裸になっても、この夢は実現させる！〉

紅茶、清酒、清涼飲料と速戦即決の製造・販売をくりひろげたが、恵みの雨とはならない。信治郎は財政難を乗りきるために『スモカ』を身売りする。つづいて『オラガビール』も手放した。

高収益の新事業も売却し、当座の資金を確保すると、信治郎はふたたびウイスキーの原酒づくりに没頭する。

〈死んでたまるか！　ウイスキーはわしの命だ。いまに見とれ！〉

闘志はなおも衰えをみせない。ウイスキーへの情熱は、いっそう激しく燃えさかった。

日本人の味覚にそった甘いブドウ酒をつくるしかない

鳥井信治郎は明治十二年一月、大阪城の近くで生まれた。家業は両替商、それから米屋に転じている。小学校へ一年通い、高等小学校に二年在籍、大阪商業学校へ進む。この商業学校を二年でやめ、十三歳のとき薬種問屋小西儀助商店に奉公した。

この奉公が信治郎の生涯の起点となる。小西商店は漢方薬や西洋の薬だけでなくブドウ酒やブランデー、ウイスキーを扱っていたからだ。当然ながら、ここで調合の技術を身につけ、洋酒の製造・販売のノウハウを学んでいる。

信治郎は二十歳で独立した。ブドウ酒の製造・販売に乗り出している。といってもアルコールに砂糖や香料を混ぜた、いわゆる合成ブドウ酒だ。それでも日清戦争後の好景気にのっかって中国へ売り出している。

信治郎が本格的にブドウ酒に取り組んだのは、スペインのセーレスと知り合ってからである。はじめ彼はセーレス兄弟商会からスペイン産の優良ブドウ酒を仕入れ、そのままびん詰めにして売り出した。が、これがさっぱりで、要するに日本人の舌に合わなかったのだろう。そこで彼は〈日本人の味覚にそった甘いブドウ酒をつくるしかない〉と考え、甘味料や香料を買いこんで調合に没頭した。執念と努力のすえに出来あがった商品が『赤玉ポートワイン』である。

赤玉ポートワイン――実に斬新な商品名だ。当時は蜂印香竄《こうざん》葡萄酒といった漢字づくめのものばかりだったから、まさに画期的な命名である。

画期的といえば、ブドウ酒の販売にはじめて新聞広告を出したこともあげられよう。同業者は嘲笑したが、このへんに信治郎のパイオニア精神が脈うっている。

権威の利用も怠らない。〈朝夕飲用すれば病気にならず、健康、長寿に疑いなし〉といった文面の博士証明を頂戴しようと懸命だ。大学病院へ幾度となく足を運び、正面突破が失敗すると裏にまわって家庭を訪ね、一押し二押し、三押しをする。もちろん手土産に貴重な贈り物と謝礼を欠かさない。四博士の証明つき広告が、やがて六博士となって新聞紙上を飾り、世間の注目を浴びた。この効果はてきめんで、問屋からの注文が四割もアップしている。

日本最初のセミヌードポスター

さらに信治郎は寸暇を惜しんで販促をかけた。夜、自転車を走らせ、酒屋を見つけると店へ入って主人に訊く。

「赤玉ポートワイン、入ってますやろか」

「赤玉？　入ってまへんわ」

「そうでっか。残念でおますな。あれ、うまいでっせ。近いうちにまたきまっさかい、入れといてや」

信治郎は赤玉のうまさを強調し、ひとしきり残念がって店を出る。さらに夜道を走って酒屋を見つけ、自転車をとめると店へ入って同じことをくりかえす。雨の夜も風の夜も自転車のペダルを踏み、口《クチ》コミ宣伝をやったという。

宣伝といえば、こんな話がある。ジャンジャンジャンと火事の半鐘がなると、信治郎は脱兎の如くとび出し、『赤玉ポートワイン』と染め抜いたハッピを着た若者たちに弓張提灯《ゆみばりちょうちん》を持たせて火事場へ向かう。もちろん提灯にも『赤玉ポートワイン』と書いてある。どこの火事でも、赤玉の提灯が現場にいちばん早く駆けつけるので有名になった。これには「エゲツない」と顔をしかめる人も多かったという。

こんな話も残っている。当時、芸者は生理を「日の丸」と呼んでいた。信治郎はこれに目をつけ、祝儀をはずんで「赤玉」と言うように頼んでいる。これが奏功し、赤玉は大阪中にひろまったという。

こんなこともやった。明治も末の夏のこと、信治郎は『赤玉ポートワイン』と書い

た高さ二メートルに近い角行灯を数十個もつくった。これをハッピを着た若者たちにかつがせ、夕闇せまる盛り場をあちらこちらと歩かせている。この方法は、以来、芝居や映画の宣伝に用いられている。

大正期に入ると、業績は飛躍的に伸び、同時に宣伝規模も大がかりになった。『赤玉歌劇団』をつくって全国各地を巡業する。これは間もなく解散したが、歌劇団のプリマドンナをモデルにして日本最初のセミヌードのポスターを作り、全国の小売店へ配布した。世間は驚き、大反響を呼ぶ。こうして『赤玉』は全国津々浦々にまでその名を知られるようになったという。宣伝の鬼というか、信治郎の面目躍如たるものがあるではないか。

運のない者に仕事をやらしたらあきまへん

ところで、信治郎の考え方、行動には一風変わったところがある。山口瞳の信治郎伝に登場願おう。

戦争中の山崎の瓶詰工場には、注連縄《しめなわ》を張り、お経や祝詞《のりと》をジャンジャンあげる。これは山崎工場だけではなかった。神仏に関しては、まことに盛大だった。

信治郎における八宗兼学は、神様にも得意があって、これだけ拝んでおけばどれかが当たるだろうという単純な考えもあったらしい。祝詞でもお経でも短いのは気にいらない。盛大にやらないといけない。一生懸命に拝めば必ず何かが返ってくると考えていたようだ。

東京支店には、神様だか仏様だかお稲荷さんだかわからないけれど、あるいはその全部をふくめたものだったかもしれないけれど、仏壇のような祭壇のようなものがあって、賞与をもらうときは、一度おそなえして、その後にくれたものである。

「運のない者に仕事をやらしたらあきまへん」

ということもいった。運のない男は雇わん、仕事はやらさんというのである。

ある時期の寿屋の入社試験は、四柱推命だった。姓名判断の占いだった。人間を雇うのではなく「運」を雇うのである。その運を会社がもらうのである。そういう評判だったものだから、大阪の有名中学が寿屋には生徒を推せんしないと言ってきたことがあった。

神仏加護、占い、これは一種の御弊かつぎに違いない。が、道なき道を突き進む人、勇敢な実行家には、もともと御弊かつぎが多いのだ。そもそも人間のやることは、いくら合理性の極致をつめたところで理屈どおりに事が運ぶものではない。いつも偶然、偶発性に翻弄される。信治郎が御弊をかつぐのも、裏をかえせば道なき道を突き進むパイオニア精神の発露といってよいだろう。

「サントリーウイスキー角瓶」「サントリーオールド黒丸」誕生 ボーナス五十カ月の高収益

話をもどそう。

『赤玉ポートワイン』で成功すると、信治郎はウイスキー製造という大決断をした。ウイスキーこそ信治郎の夢だったのだ。

しかし、この夢の実現は容易なものではなかった。昭和四年の『サントリーウイスキー白札』は売れず、五年の『赤札』もさっぱりだった。六年にはウイスキーの仕込みも中止している。

ようやく光が射しはじめたのは昭和十二年になってからだ。この年『サントリーウイスキー角瓶』が発売され、これが売れる。十五年には極上の『サントリーオールド黒丸』が誕生した。時あたかも中国大陸の戦火は拡大し、外国産のウイスキーは輸入が禁止されていた。寿屋のウイスキーはひっぱりだこで売れに売れる。ボーナスが年に五十カ月も出るほどの高収益をあげている。

太平洋戦争が勃発すると、統制はいちだんと厳しくなる。ウイスキーは軍需品扱いとなり、一般の人々には高嶺の花で貴重品そのものだった。原料の大麦なども海軍指定の軍需品となって寿屋の山崎工場へ運びこまれてくる。製造したウイスキーはすべて海軍が買いあげるから、まさに殿様商売といってよい。信治郎は我が世の春を謳歌した。

もともとウイスキーはあいつらのものだ こんどは占領軍を相手に商売しよう

昭和二十年八月十五日、舞台は暗転し、信治郎は奈落の底に沈む。「愛国者」を任じ、海軍へ日参し、献身的な協力を惜しまなかっただけに敗戦のショックは大きかった。一夜にして十年も老けたかのように気力は萎え、〈日本も、わしも、これで終わりだ〉と心につぶやく。

が、占領軍が上陸を開始すると、にわかに信治郎は発奮した。〈もともとウイスキーはあいつらのものだ。こんどは占領軍を相手に商売しよう。たとえ国滅ぶとも、わしは死なぬ。死んでたまるか!〉と決意している。

心機一転、信治郎は占領軍にサントリーウイスキーの売りこみにかかった。気力は充実し、十年も若返る。東奔西走、大車輪の働きで、敗戦からわずか一カ月半、サントリーウイスキーは占領軍の納入品に指定された。

「戦争中は愛国心とか鬼畜米英とかいっていながら、敗戦になると、すぐに進駐軍相手に儲けようとする。そんな父の態度があまりに無節操に思えてやりきれなかった」

佐治敬三はこういっているが、海軍大尉の佐治にしてみれば、父のかわり身の早さにあきれ、怒り、フテクサレたのも当然である。だが、こうした商魂のたくましさ、〈死んでたまるか!〉のふてぶてしさこそ信治郎の真骨頂なのだ。

以来、寿屋の業績はめざましく向上した。矢つぎ早やに新製品を開発し、前へ前へと突進する。『世界のサントリー』を目指し、決して成功に安住しない。彼が死んだ昭和三十七年には、寿屋の日本市場占有率が、特級ウイスキー92パーセント、一級ウイスキー87パーセント、二級ウイスキー62パーセントだった。驚くべき数字である。

大将のためやったら、いつでも命を投げ出したろと覚悟ができたんや

ちなみに、信治郎は仕事にうるさい人だった。規律に厳しい人だった。よく叱る人だった。それも頭ごなしに怒鳴りつける。気が済むまで一時間も二時間も叱りつづける。ある社員はそのカミナリのはげしさに卒倒してしまったという。それほど凄い。

なのに、部下は「大将、大将」と信治郎を慕い、つらい仕事に耐え抜いている。それというのも、信治郎には部下へのいたわり、思いやりがあったからだ。

鳥井商店を開業して間もなくだった。丁稚《でっち》たちが、部屋に南京虫が出て「よく眠れない」とボヤいていた。それを耳にした信治郎は、その夜、丁稚たちが寝静まったあと、部屋に入りこみ、ロウソクの灯りを頼りに、柱の割れ目や押し入れの襖のすき間

にひそむ南京虫を見つけ出して一つ一つ退治した。人の気配にふと目をさました丁稚は、這いつくばって南京虫退治に余念のない信治郎の姿を見て、感きわまって泣いたという。

作田耕三の場合もそうである。作田は「作田なくしてサントリーなし」といわれた名参謀だが、信治郎の右腕となって会社を支えたのも、その思いやりが原因だった。

入社間もないころである。作田の父親が死んだ。作田は筋金入りのマルキストだから、会社にはまったく知らせず葬式を済ませようとした。ところが、葬儀場へ行くと寿屋の社員たちが集まっている。それだけではない。信治郎が社員たちを指揮し、自らすすんでこまごました雑用や力仕事をやっている。しかも葬儀の時間がくると、受付に立って会葬者に深々と頭を下げている。

無事に葬儀が終わり、作田がホッとして自宅へ戻ろうとすると、突然、信治郎が大声をあげた。

「お母はんはどうするねん。お母はんの車はどうするんや」

と、同時に、信治郎はかけ出していた。車を探しに行ったのである。間もなく一台のタクシーをとらえて戻った信治郎は、作田の母親を乗せ、自分は助手台に坐ったたまま、母親を自宅まで送っていった。

作為でできることではない。しかも作田は新入りの社員である。作田は泣いた。信治郎の思いやり、いたわりに心底から泣いた。後年、作田は「あのとき、わしは大将のためやったら、いつでも命を投げ出したろと覚悟ができたんや」と語っている。

徳田球一ら共産党の幹部と親交をもったほどの作田に、信治郎と一生を共にする決意を固めさせたのは、まぎれもなく信治郎の温情だった。こっぴどく叱られ、「あいつは偏屈や」と言われながらも、世界観のまったく違う信治郎の片腕となりきったのは、信治郎の暖かい思いやりが原因だった。いいかえれば、信治郎は、人間味あふれる温情で、得がたき大番頭、名参謀を得ることができたのだ。信治郎の成功に、ここのところを見落としてはならない。

世界最高のオートバイ・レース"TTレース"に参加して優勝する！

本田宗一郎

〔ほんだ・そういちろう　一九〇六―一九九一〕

一九四六年に本田技術研究所を創業、自転車に小型エンジンを付けた乗物の製造販売を始める。四八年に社名を本田技研工業とし、オートバイから更に自動車へと進出。その後レースにも積極的に参加、世界のホンダの名を高める。

本田技研はどんどん大きくなった。昭和二十八年には従業員は二千人を越す。五年間で百倍の急増である。

だが、ここで宗一郎は大ピンチに見舞われた。巨額の設備投資で経営が危機的状況になる。加えて、『カブ号』の売れ行き急減、さらにドリーム号、ベンリイ号のエンジン不調、欠陥が指摘され、業績はいちじるしく下降した。

まさに生きるか死ぬかの瀬戸際に追いつめられた。宗一郎が〈死んでたまるか！〉と絶叫したのはこのときである。

彼は人々の意表をついて高飛車に出た。「世界最高のオートバイ・レース〝TTレース〟に参加して、優勝する！」と大見栄をきったのだった。そしてこの「狂気の宣言書」を代理店・取引先に郵送した。

要は自分に科学的知識がないからだ、いまさら学生服を着るには抵抗があるが、見栄や体裁にとらわれていたら道はひらけない

　昭和九年、本田宗一郎は「アート商会浜松支店」を閉鎖して「東海精機」を設立した。自動車修理業ではいくら繁盛しても将来性がなく、ひと思いに製造業へと転進したのだ。

　手がけた仕事はピストンリングの製造だった。が、一部品とはいえ、ピストンリングは自動車の心臓（エンジン）の部品だけにその製造は予想外に難しかった。試作品はすぐこわれ、あるいは摩擦ですり減って、たちまち使いものにならなくなる。失敗につぐ失敗で、修理業で儲けた金はすっかり消え失せ、宗一郎は土壇場に追いこまれてしまう。

　血のにじむような日々だった。顔面神経痛に悩まされたのもこのころだろう。だが、いまさら修理業にあともどりはできない。〈死んでたまるか！〉と心をはげまし、懸命に打開策をさぐる。

要は自分に科学的知識がないからだ……と自分の無学を痛感した宗一郎は、金属工学の基礎から学ぶため浜松高等工業学校の聴講生となる。すでに三十歳、アート商会では五十人ほどの従業員をかかえ、紅灯の巷にも名をひろめた青年社長だ。いまさら学生服を着るには抵抗があったが、見栄や体裁にとらわれていたら道はひらけない。〈いまに見とれ、必ずやってみせる！〉と覚悟を腹に据えて通学する。二年間の学習だった。

ガソリンのにおいをかぐと、気が遠くなるほどいい気分になった

本田宗一郎は明治三十九年十一月、静岡県磐田《いわた》郡光明村にうまれた。家業は鍛冶屋《かじや》で、男七人、女二人の長男である。

妹たちの子守りをやらされたせいか、小学校での成績は悪かった。よかったのは図画と工作、唱歌くらいで、いっぽう悪童ぶりは村一番といわれるほどに抜きん出ていた。他人の畑に忍んではスイカに穴をあけて中身をストローで吸ったり、小学校で飼

っている金魚に青や緑のペンキを塗るなどイタズラのかぎりをつくす。罰に灸《きゅう》をすえられたり、柱に縛りつけられて食事を与えられないこともあったという。

ところで彼は、子どものころから自動車が大好きだった。村に自動車がくると夢中であとを追いかける。

「ガソリンのにおいをかぐと、気が遠くなるほどいい気分になった」

というから、まるで自動車のために生まれてきたようなものである。ちなみに、宗一郎は三十一歳のとき全日本自動車スピード大会に出場している。自作の車で百二十キロの新記録をマークしたが、優勝目前で車が横転、重症を負った。奇跡的に命拾いしたが、これをみてもエンジンとスピードに賭ける彼の情熱がハンパでないことがよくわかる。

当然ながら、高等小学校を卒業すると、東京湯島の自動車修理工場「アート商会」に入った。雑誌広告で工員募集を知り、無理にせがんで父親と一緒に東京行きの汽車に乗っている。

アート商会には十数人の職工がいた。宗一郎は主人の幼な子の世話をさせられ不満だったが、一年ほどして先輩たちの助手をつとめる。

ほどなく関東大震災に遭遇し、工場は倒壊した。修理工たちはみな故郷へ帰る。ただ一人残った宗一郎は、主人と二人でアート商会の再建にあたった。この過程で、一人前の修理工として腕を磨きあげていく。

得意満面、やりたい放題のアート商会浜松支店時代

六年の年季奉公があけると、宗一郎は浜松にもどって「アート商会浜松支店」を設立した。

アート商会を名乗らせたのは主人の榊原侑三の好意である。まだ二十三歳で年齢が若かったから、世間の信用を得るのに有利だった。主人と宗一郎の信頼関係がこの命名でしのばれよう。しかも主人は看板だけでなく開店資金として二百円を出している。

従業員は一人だったが、宗一郎の修理技術と懸命な努力で店の評判は高まった。修理工もしだいに増え、時間的な余裕ができると、彼はこれまでの木製スポークから鉄製スポークへの改良に着手する。特許をとると、ただちに製造を開始し、この鉄製ス

ポークはとぶように売れた。工場を拡張し、独立三年で従業員は五十名を越す。浜松では名士の一人に数えられ、宗一郎は得意満面だった。

若くして、金がどんどん入れば、気は大きくなり、つれて遊びも豪勢になる。自家用車に半玉《はんぎょく》を乗せて酒を飲み、あげくは天竜川に飛びこんでいる。また、料理屋で乱痴気騒ぎを演じ、芸者を二階から放り出すなど、花柳界でも数々のエピソードを残した。

このころ宗一郎は結婚するが、披露宴では馴染《なじ》みの芸者を集めたうえに、わたしのラバさん　酋長《しゅうちょう》の娘……

と裸になって踊り出し、参会者はあきれかえってしまったという。まずは、やりたい放題といったところか。

話をもどそう。修理と鉄製スポークで店は繁盛したが、やがて宗一郎は「アート商会浜松支店」を閉鎖した。修理業では成長に限界があるし、エンジンの製造に関わって飛躍したい欲求に駆られたのだろう。ここに「東海精機」が誕生した。その後の苦難の道のりは冒頭に触れたとおりである。

＊　＊

浜松高等工業学校で冶金《やきん》理論を学んだ宗一郎は、本格的にピストンリングの製造を再開した。二年間の学習でこれまでの技術的難関を克服し、生産は軌道に乗る。

昭和十七年、東海精機はトヨタ自動車と提携した。トヨタの資本が40パーセント入り、資本金は百二十万円となる。トヨタからは石田退三が取締役として派遣され、ピストンリングの生産は拡大した。会社は急成長し、戦時中には徴用工や学徒動員の中学生で二千人にもふくれあがっている。

「ドリーム号」誕生、藤沢との出会い「技術の本田、販売の藤沢」といわれる名コンビの誕生

だが、敗戦で宗一郎は転機を迎える。東海精機をトヨタに売却し、翌年『本田技術研究所』の看板をかかげた。そしてモーターバイクに手を出している。旧陸軍の通信機についている発電用の小型エンジンを安く仕入れて自転車に取りつけたのだ。通称「バタバタ」と呼ばれたこのモーターバイクはたいへんな人気をあつめ、面白いように儲かった。

昭和二十三年『本田技研工業』を設立する。

翌二十四年、宗一郎はD型エンジンを開発し、強じんな車体に取りつけた『ドリーム号』の誕生で、ここにオートバイ・メーカーの第一歩を印す。

この年、宗一郎は藤沢武夫と出会った。〝技術の本田、販売の藤沢〟といわれた名コンビの誕生である。

「藤沢という人間に会ってみて、これだと思った。機械にはズブの素人だが、こと販

売に関しては素晴らしい力量の持ち主だ。私にないものを藤沢は持っている。私は一回会っただけで、提携をかたく約束した」

宗一郎は藤沢との出会いをこう語り、

「藤沢との出会いがなかったら、現在の本田技研もなかったろう」

と回顧している。宗一郎にとっては、まさに記念すべき年だった。

二十五年、本田技研は東京に営業所を開設する。ドリーム号をひっさげての進出だった。ところが、爆発的に人気をあつめたのは原付自転車の『カブ号』である。この『カブ』は海外にも輸出し、〝本田のドル箱〟となった。宗一郎は大張り切りで、さらに高性能モーターバイク『ベンリイ号』スクーター『ジュノー号』を開発する。

倒産しそうで、とうとう社長もアタマにきたか

会社はどんどん大きくなった。従業員もどんどん増えて二十八年には二千人を越す。五年間で百倍の急増である。

だが、ここで宗一郎は大ピンチに見舞われた。巨額の設備投資で経営が危機的状況に陥る。大規模な量産体制をめざして工場を拡張、新設し、また四億円にものぼる工作機械を西ドイツから輸入したのが裏目に出たのだ。

加えて深刻をきわめたのが、カブ号の売れ行き急減だった。車体の耐久性に関するクレームが相次いでいる。さらにドリーム号、ベンリイ号のエンジン不調、欠陥が指摘され、業績はいちじるしく下降した。

本田技研はたちまち緊急事態に陥った。まさに生きるか死ぬかの瀬戸際に追いつめられた。宗一郎が〈死んでたまるか！〉と絶叫したのはこのときである。

彼は人々の意表をついて高飛車に出た。「世界最高のオートバイ・レース〝TTレース〟に参加して、優勝する！」と大見栄をきったのだ。そしてこの『狂気の宣言書』を代理店・取引先に郵送する。藤沢はあわてて止めようとしたが、すでに手おくれだった。

社員が驚いたことはいうまでもない。なかには「倒産しそうで、とうとう社長もアタマにきたか」と同情する者もいた。それはそうで、当時、ヨーロッパのオートバイの実力はホンダのそれとは比較にならないほど高かった。そこへ殴りこみをかけて優勝をさらうというのだから、アッケにとられたのも当然である。

しかし、この狂気の宣言が若い技術陣の心をふるい立たせたことは確かだった。もちろん宗一郎は日曜日も祭日も工場へ出る。昼夜をわかたず創意工夫に精魂をかたむけ、率先して研究開発、技術改良に取り組んでいる。その姿が、技術者の心をいっそう刺激した。

いっぽう藤沢は、迅速に銀行を動かして事態の悪化をくいとめた。さらに労使の一体化をはかり、思いきった生産調整を断行する。藤沢の力は大きかった。やっとのことで本田技研は経営危機を乗りきっている。

TTレースの優勝、「世界のホンダ」へ飛躍

宣言から五年後、本田技研のオートバイがTTレースに登場した。一二五cc部門で六位、七位、八位を占めて初陣《ういじん》を飾る。社員の意気は大いにあがり、ますます勢いに弾みがつく。そして三十六年には、二五〇cc、一二五ccで一位から五位までを独占し

た。念願の完全優勝をはたしている。

このＴＴレースの優勝で、本田技研は「世界のホンダ」へ飛躍した。世界的オートバイ・メーカーとしての地位を不動のものとしたのである。

こうして技術面の向上をはかると同時に、宗一郎は経営理念に徹底した能力主義と実力主義をかかげた。年功序列や学歴を無視した労務、人事管理を実施する。事務畑と技術畑、職員と工員との間にみられる差別や反目を除去するために「専門職制度」も設けた。すぐれた実績をあげた者は管理職と同格の専門職に登用し、これによって現場の技術者や工員にも対等の地位と発言力を得る機会を与えている。

また縁故採用は絶対にやらず、実力評価で採用した。さらに生産、労務、販売などのあらゆる分野で押しつけを排し、自主的に仕事に取り組めるよう直接担当者にイニシャティブを与えている。

こうした種々の改革や経営システムの確立に、藤沢の決断が大きな影響を与えたことはいうまでもない。

昭和四十八年、宗一郎は藤沢と共に会社を去った。後進に道をゆずっている。幸せいっぱいの笑顔を見せての退任である。

この年、宗一郎は上智大学から名誉工学博士号を授与された。また科学技術庁長官賞も贈られている。エンジンに、スピードに、命を賭けた充ち足りた人生だった。

いまのやり方ではダメだ、戦法を変えよう
そうだ！うちの製品を
アメリカから輸入させればよい

稲盛和夫
〔いなもり・かずお　一九三二——〕

一九五九年に京都セラミックを創業。六九年からアメリカや西ドイツなど海外に積極的に進出した。八二年、数社を合併して社名を京セラとし、電子光学機器の総合メーカーとして、独自の地位を築いた。八四年には第二電電（後にKDDI）を設立。二〇一〇年には日本航空会長に就任、経営を立て直す。

大手の電気メーカーや電子メーカーは見向きもしてくれない。

当時はアメリカ製品が大手のユーザーから全幅の信頼を得ており、「うちの製品のほうが優秀だ」と、いくら説明しても、まったく相手にしてくれなかった。

すぐれた製品を開発し、懸命に説得しても、日本の市場は壁が厚い。

何度ぶち当たってもはねかえされるばかりである。

彼は途方に暮れた。

〈いまのやり方ではダメだ。戦法を変えよう。……そうだ！うちの製品をアメリカから輸入させればいい〉

経営安定のため懸命にニュー・セラミックを売りこむ「せめてテストだけでもしてほしい」

昭和三十七年、稲盛和夫は単身アメリカへ旅立った。

アメリカ市場を開拓するためではない。日本市場への斬りこみが目的だった。

これより三年前、稲盛は京都の松風《しょうふう》工業在職中の部下らと共に『京都セラミック』を設立した。

がむしゃらに働き、業績はいちおう順調に伸びる。が、これは先発メーカーが尻ごみするような無理な仕事を受注したからで、そもそも従業員が百名たらずの無名の会社に新しい市場の開拓は難しかった。このままでは業績が恒常的に上昇する保証は何一つなく、いや、逆に資金面や物的、人的諸条件が悪化して経営に破綻をきたす怖れがあった。

実際に、前年には十数名の高卒社員が反乱を起こしている。「残業が多すぎて仕事が過重だ」「人格を無視した叱責など非人間的な扱いをやめよ」「給料の遅延をなくして定期昇給や賞与を確約せよ」などといった労働条件の改善や人権尊重を強く要求したのだ。たしかに、朝六時に家を出て、帰宅するのが夜の十二時近くという者もいたから、これでは睡眠不足になってしまう。あまりにも仕事がハードで、反乱を起こしたくなるのも当然だろう。

要求がとおらなければ全員が退職するとドスをきかされ、稲盛は窮地に立った。三日三晩の説得で、なんとか反乱は収めたものの、これが繰りかえされるようでは会社の先行きは知れている。

〈死んでたまるか！〉

稲盛は猛然と経営の安定に血道をあげる。懸命にニュー・セラミックの売りこみに駆けまわった。新しく開発した自社製品がいかにすぐれているかを力説し、「せめてテストだけでもしてほしい」と懇願する。

アメリカのメーカーに使ってもらい、その製品が日本に輸入されれば日本の大手メーカーも注目するだろう！

だが、大手の電気メーカーや電子メーカーは見向きもしてくれない。当時はアメリカ製品が大手のユーザーから全幅の信頼を得ており、「うちの製品のほうが優秀だ」と、いくら説明しても、まったく相手にしてくれなかった。

すぐれた製品を開発し、懸命に説得しても、日本の市場は壁が厚い。何度ぶち当たってもはねかえされるばかりである。彼は途方に暮れた。

〈いまのやり方ではダメだ。戦法を変えよう。……そうだ！　うちの製品をアメリカから輸入させればいい〉

京セラ製品をアメリカ製品にするというのだから、これは奇抜な発想である。アメリカのエレクトロニクス機器メーカーに使ってもらい、その製品が日本に輸入されれば、日本の大手メーカーも京セラの製品に注目するようになるだろう。そうすれば、日本市場の開拓も可能になるというわけだ。アメリカのメーカーは日本のそれと違って合理主義に徹している。伝統とか権威とかいったものに拘泥しない。相手がだれであれ、テストしてよい結果が出れば採用してくれるだろう……。彼はその期待に胸をはずませ、機中の人となったのだ。

しかし、現実は厳しく、アメリカでの売りこみは容易ではなかった。満足に食うものも食わず、たらふく食ったものは門前払いだけだった。

〈死んでたまるか、死んでたまるか〉

稲盛は唇を噛みしめ、もうほとんど泣きながら歩きまわる。が、その懸命な努力も水泡に帰した。〈もう二度とアメリカなんかに来るもんか！〉と、はらわたを煮えくりかえして帰国している。

とはいえ、日本市場の壁は、かつてのベルリンの壁以上に厚くて高い。

〈やはりアメリカ製品にするしか、壁をくずす方法はないのか〉

稲盛は苦悶し、結論すると、再度アメリカへ飛ぶ。だが、二度目も足を棒にするだけだった。刀折れ矢尽きて、売りこみは失敗。傷心のうちに帰国した。

三度目の訪米、何十番目かにぶつかったテキサス、インストゥルメンツ社が突破口に

そして三度目、やっとの思いで念願がかなう。契約がとれたのだ。このへんの事情を稲盛は田原総一朗のインタビューでこう話している。

「飛行機で西海岸に着いて、そこから東海岸まで、電気メーカー、電子メーカーをしらみつぶしにあたってみよう。

全部ぶつかって、それでもダメならあきらめよう。そう思って、次から次へとぶつかっては断わられる、ということをくり返し、何十番目かにぶつかったのが、テキサスのインストゥルメンツという会社だったのです」

この会社が、アポロに使う抵抗器のために信頼度の高い素材を求めていたのである。厳重なテストの結果、京セラ製品がアメリカ、西ドイツの各社製品をしりぞけて採用されたという。

これが突破口になった。京セラのニュー・セラミックは評判をとり、アメリカの大

手メーカーからお呼びがかかる。

こうして京セラ製品はアメリカへ輸出され、アメリカ製品となって日本に輸入されることになったのである。

勝負はきまった。京セラ製品は日本のメーカーから絶大の信用をかちとり、視界はいっきにひらけている。

二度の中学受験に失敗、大学、就職も第一志望は失敗

稲盛和夫は昭和七年、鹿児島県に生まれた。家業は印刷・製袋業で、男四人女三人の次男である。小学校での成績は可もなく不可もなく、中学校は地元のエリート校・一中を目指したが失敗。翌年、再度挑戦したが、これまた失敗。三度目は一中をあきらめて鹿児島中学に入った。

旧制中学校から新制高校へ移行した稲盛は家業を手伝いながら大学受験を目指す。

高校三年のころはトップクラスになっているから、二度も中学をすべったのが不可解

だ。要するにガキ大将の勉強嫌いだったのか。

稲盛は阪大の医学部を受験したが不合格。地元の県立鹿児島大学工学部に入った。家庭教師や夜警のアルバイトで学費を稼いでいるから、気楽な身分ではなかったようだ。

大学を卒業すると帝国石油の入社試験に挑戦する。一次試験はパスしたが、二次試験で落ちた。どうやら稲盛にはすべりぐせがあったのだろう。

帝石を落ちた稲盛は『松風工業』に入社した。高圧線の碍子をつくる会社である。

創業は大正六年と古く、一時期は繁栄したが次第に下降線をたどり、戦後は経営陣の内紛やおきまりの労働攻勢で極度の経営不振に陥っていた。稲盛が入社した昭和三十年ころには給料遅配が当り前の、まさにオンボロ会社になっていた。同期入社の大卒は三人だったが、二人ともあっさりと転職したところをみても、その落魄ぶりがわかるだろう。稲盛も自衛隊の幹部学校を受験したが（今度は合格したが）、思いかえして会社にとどまりニュー・セラミックの研究に励んでいる。

全員が「誓詞」に血判を捺し、独立、京都セラミック社が誕生

やがて、新任の技術部長と対立した稲盛は、部下らと共に独立を決意する。全員が「誓詞」に血判を捺したところをみると相当な覚悟だったろう。

昭和三十四年四月、京都セラミック株式会社が誕生する。稲盛は取締役技術部長に就任した。社長になったのは七年後である。血判した仲間は中堅幹部に収まり、新規採用を含め計三十人弱での出発だった。

当初から業績は順調だった。が、これは無理を承知の受注をこなしたからで、まさに不眠不休の挑戦だった。残業、徹夜がつづき、睡眠不足で倒れる部下が続出する。労働基準法も人権もあったものではない。まさしく異名どおりの「狂セラ」で、前述の〝反乱〟が起こる素地は十分すぎるほど十分だった。

だが稲盛は、不撓不屈の激しい闘志で七難八苦と格闘する。社員の酷使を批判されても、ともあれ時代の波に乗った。以来、飛躍的に業績を伸ばし、「世界の京セラ」と呼ばれるまでに発展している。

NTTに対抗し、「第二電電」を設立

昭和六十年四月、電電公社が民営化されると、NTTに対抗し、稲盛はすかさず通信事業に参入した。二二五社の出資による『第二電電』の設立である。つづいて日本テレコム、日本高速通信が名乗りをあげた。

このとき、第二電電の初代社長に就任して稲盛の頭脳となり手足となって活躍した

のが森山信吾だ。

森山は稲盛と同郷の鹿児島県人で、資源エネルギー庁長官を務めた通産省きってのエリート官僚である。人脈は豊富で政・財界に顔がひろく、また、決断力、行動力、統率力に恵まれた得がたき人材だった。

森山は異能を発揮し、難題を処理して第二電電の土台をつくる。が、なんという悲運か、問もなく森山は脳溢血で不帰の客となる。

「私が社長を引き継ぐ。死力をつくして弔い合戦をやりとげる」

稲盛には大変な衝撃だった。悲嘆に暮れた。が、そんな稲盛を人々は凝視する。

「稲盛には森山ほどの人脈はない」

「中央の政・財界は稲盛には冷たいはずだ」

「矢先に、肝腎かなめの森山を失っては第二電電もおしまいだ。稲盛はどうする気かな？」

「京セラにかげりが出たいま、稲盛が第二電電にかまける余裕はないだろう」

周囲の目はそう語って稲盛の出方をうかがっていた。

〈死んでたまるか！〉

稲盛の体内の血は沸騰する。好奇の視線を蹴散らかすかのように素早く緊急事態に対処した。「非常事態」を宣言し、〈私が社長を引き継ぐ。死力をつくして弔い合戦をやりとげる！〉と、決意を内外に披瀝したのだ。難局にもの怯じしない稲盛の激しい闘志がみなぎっているではないか。

殺せるものなら殺してみろ
わしは死なん

出光佐三
【いでみつ・さぞう　一八八五—一九八一】

一九一一年出光商会を設立。石油販売の分野で著しく業績を伸ばし、満州にも進出した。四〇年出光興産を設立、国際石油資本や通産省との軋轢を物ともせず、民族系石油会社として独自の地位を築いた。

日本の石油業者は米英のメジャーと提携し、ことごとに出光興産の締めつけをはかった。民族資本・民族経営の出光興産は、この連合戦線の重囲のなかで孤軍奮闘。とうとう石油製品の輸入・供給の道を閉ざされてしまった。が、出光は白旗をかかげない。

〈殺せるものなら殺してみろ。わしは死なん〉と肚をくくる。自社運行の大型タンカー建造で、死地脱出をはかった。

イランとイギリスの間に石油国有化をめぐって紛争が起き、イギリスはペルシャ湾を封鎖した。軍艦でイランのモサデク政権に石油政策の変更を求めたのである。

強大な国際石油カルテルに潰されかかった出光は、ここでイラン石油の輸入を決行する。

虎の子の自社タンカー・日章丸を、出光はアバダンへ向けて出航させた。

社員を見捨てることができるか。会社が倒れたら、私もみんなと一緒に乞食をする

敗戦。出光佐三は絶望の淵に立たされた。出光興産の販売網は、満州、北支、朝鮮、台湾といった海外市場が主だっただけに、致命的な大打撃を蒙ったのだ。

残されたものは、莫大な借金のみである。国内の石油配給業務は他社に独占され、業界復帰の希望はなかった。しかも、海外には八百人の社員がいる。これを食べさせる見通しはまったく立たない。会社は解散以外に道はなかった。だが出光は、

「事業は再建する。社員は絶対に解雇しない」

と明言した。

重役たちは狼狽する。

「仕事がないのに、どうして給料を払うのですか。めちゃくちゃだ」

と発言の撤回を強く求めた。

だが、出光は応じない。

「社員はみんな私を信頼して海外へ行ったのだ。なのに、いま会社が土壇場に立たされたからといって社員を見捨てることができるか。会社が倒れたら、そのときは私もみんなと一緒に乞食《こじき》をする！」

その沈痛な決意に、重役たちは黙りこんでしまった。

出光は引揚げ社員たちの仕事探しに奔走する。当時、日本の経済は戦災で破壊され、企業は解散と縮小で、失業者が巷にあふれていた。国民は食うや食わずの生活を余儀なくされ、誰もが糊口をしのぐため血眼で職を探しまわっている。そんななかで多数の引揚げ社員の生活を守ることは至難中の至難の業《わざ》といってよかった。

八方ふさがりのなかで、しかし出光はあきらめない。〈死んでたまるか！　死なせてたまるか！〉と歯をくいしばり、必死の形相で仕事を求めて走りまわる。

漁業を手はじめに、農場経営、さらに醸造業へと乗り出した。また、印刷業、ラジオの修理・販売などにも手を出した。社員たちの生計が立つようにと懸命に動きまわっている。ヒラの社員に手紙を書いて慰めたり、細君たちの生活相談にのったりしたのもこのときだ。

この出光の真情が、社員たちに絶対的な信頼と一体感を植えつけたのだった。

神戸高等商業学校を卒業して丁稚奉公

出光佐三は明治十八年八月、福岡県宗像《むなかた》にうまれた。次男坊で、家業は藍問屋を営み、かなり裕福だった。

病弱で、強度の神経衰弱に悩まされた。この少年期のつらい闘病体験が、強靭な精神力を培い、また、他人に対する暖かい思いやりを生みだしたのかもしれない。

福岡商業から神戸高等商業学校へ進み、卒業と同時に神戸の酒井商会に入った。酒井商会は小さな個人経営の店で、出光は角帯に前垂れをかけて灯油や小麦粉などの注文取りや配達をした。つまり丁稚《でっち》奉公をはじめたのである。

当時、神戸高商の卒業生は、ビジネス・エリートとして一流企業に入社するのが普通だった。だから出光が丁稚奉公しているのを知ると、友人たちは驚きあきれ、先輩たちは学校の面汚《つらよご》しだと激しく彼を罵倒した。

が、出光はそんな非難や嘲笑にはまったく取り合わない。柳に風と受け流している。

あえて小っぽけな個人商店を選んだところをみると、出光は初めから独立を目指し、商売のノウハウを実地で身につけようと考えたのではないか。

それだけに働きぶりがすごかった。油にまみれ、粉にまみれ、朝早くから夜遅くまで仕事一筋にうちこむ。

そのひたむきな勤勉ぶりに感動し、大金を出して、独立をすすめた人がいる。日田《ひだ》重太郎《しげたろう》という金持の若主人で、日田は出光が高商を出ながらも学歴を捨て、前垂れ姿で灯油の配達をしているのを見て心底から惚れこんでしまったらしい。京都にある邸を売った八千円を無条件で提供し、独立の機会をつくってくれた。無担保、無利子、無期限、いや「返さなくてもよい」という、まるで夢のような話である。

どこかに突破口はないか
どうすれば風穴をとおすことができるか

明治四十四年六月、北九州の門司市東本町に『出光商会』が誕生した。ときに出光二十五歳。事務所は木造二階建ての一階で四坪ほどの小さな部屋、扱う商品は機械油だった。

独立したとはいえ、新入りの弱小商店の前途は険しい。業界の厚い壁にはばまれて悪戦苦闘の毎日だった。

〈どこかに突破口はないか。どうすれば風穴をとおすことができるか〉

出光は日夜、脱出口をさがす。

そして見つけたのが〝オーダー油〟である。機械にはいろいろな種類があって、エンジンの回転数も違う。それに応じて使用する油も種類を変えるべきで、つまりワンパターンの既製油から客の注文に沿ったオーダー油にすることを考えついたのだ。

彼は機械と油の関係を徹底的に調べる。工夫に工夫を重ね、ついに〝出光式オーダー油〟を完成した。これで注文が取りやすくなり、業績は向上した。

つぎに出光は発動機漁船に目をつける。そのころ漁船は高価なガソリンや灯油をつかっていた。これを軽油か重油でまかなえば費用は安くなるし、漁業会社や漁師が大歓迎するのは目に見えている。彼は苦心惨胆、とうとうこの挑戦にうち勝った。

さらに出光は〝計量器付給油船〟という海上給油装置を開発した。これまでは漁船用の油の計量にふつうの升《ます》をつかっていたが、波に揺れる船の上では不便なることこの上ない。どんなに揺れる船でも給油できる装置が完成すれば、業績が一気に伸びることは請け合いだろう。彼は創意工夫にいっそうはげみ、ついに新装置を開発した。これが強力な武器となり、なんと出光は関門海域漁船の七割までも顧客にしている。

不凍油の完成で満鉄に進出、朝鮮、中国大陸へと市場を席捲

こうして出光商会はめざましく発展したが、決定的な一大飛躍は満州鉄道への食いこみである。

出光は満鉄に車軸油の売りこみをはかったが、これが成功するとは誰にも考えられないことだった。というのも、満州の巨大市場はアメリカやイギリスの石油資本が独占しており、貧弱な日本の石油会社が入りこむ余地などはこれっぽっちもなかったからだ。このメジャーの鉄壁をどう崩そうかと、彼は懸命に考える。思案に思案をかさね、ついに突破口を発見した。

満州の冬は寒さが厳しい。日本刀が衝撃のはずみで折れてしまうほどの凄い寒さだ。

油も凍って、そのため列車の事故がしょっちゅうだった。出光はここに眼をつける。凍らない車軸油をつくれば、いくらメジャーの力が巨大だろうと刃向かうことができるだろう。彼は寝食を忘れ研究に没頭し、ついに「不凍油」を完成した。

売りこみから二年後の大正七年、満鉄から出光商会へ一通の電報がとどいた。車輌の燃焼事故が続発したため、「ミホンジサン　オイデコウ」というのである。

出光が持っていった車軸油の威力は絶大だった。技術者の立ち会いで行なわれた実地試験で、メジャーの油は零下二十度を越えるとみな凍りついてしまった。ところが出光苦心の「不凍油」は文字どおり凍らず、コップを傾けると液体のまま流れ出した

のだ。

勝負はきまった。メジャーの鉄壁を突き崩した出光は、やがて朝鮮、中国大陸へと市場を席捲していく。こうして出光商会は、三井・三菱とならぶ大配給会社にのし上がっていったのである。

国内市場をメジャーに独占させるな。搾取を排せ

しかし、敗戦で出光は潰滅的な打撃を受けた。海外に構築した販売網と資産は一挙に吹きとび、これまでの努力の成果は一炊の夢と化している。

しかも国内の石油配給業務から出光は排除され、業界復帰は絶望的な状況だった。この逆境のなかで出光は社員の生活を守るために東奔西走したが、このへんの事情は前に書いたとおりである。

戦後の石油市場はメジャーが独占支配していた。日本の石油会社はほとんどがメジャーの傘下に入っている。スタンダード、カルテックス、ユニオンなどが占領軍の絶

対権力をバックにして対日石油政策を左右していた。

出光は海外市場でメジャーと戦った経験を持つだけに、メジャーの脅威を熟知している。たびたび政府に建議書を提出し、

〈国内市場をメジャーに独占させるな。搾取を排せ〉

と訴えた。

が、石油事業は「食うか食われるか」の世界である。きれいごとでは生きられない。

出光は策を練り、GHQ（連合国軍総司令部）にコネを求めて再起をはかった。

昭和二十二年、GHQの指令で石油配給公団が発足する。日本の石油会社は政府や公団本部に働きかけて出光排除を画策した。戦前の統制下で安逸をむさぼっていた石油業者は、統制に反対して活発に動きまわった出光に憎悪の眼を向けていた。この異端児を生きかえらせてはいけない。いまのうちに完全に息の根をとめようと共同戦線を張ったのだ。

出光は猛然と反撃する。〈死んでたまるか！〉と執拗にGHQに働きかけ、やっとのことで指定配給業者に指定された。世上〝出光毒殺未遂事件〟と騒がれた危機を乗りきり、業界復帰の第一歩を印している。

二十四年、元売り会社制が発足すると、ふたたび出光は指定をめぐって火花を散らす。各社連合の猛烈な締め出し攻撃に一歩も退かず、ひるむことなく逆襲した。しぶとくGHQに働きかけ、ついに指定を勝ちとっている。こうして出光は、業界復帰を不動のものとした。

世界中のメジャーやイギリス政府に対する大胆不敵な挑戦、日章丸はアバダンへ向けて出航

しかし、出光興産の前途には、なお暗雲がたれこめている。日本の石油業者は米英のメジャーと提携し、ことごとに出光興産の締めつけをはかった。民族資本、民族経営の出光興産は、この連合戦線の重囲のなかで孤軍奮闘。とうとう石油製品の輸入・供給の道を閉ざされてしまった。これでは、もうお手あげである。誰もが出光は連合側の軍門にくだるだろうと予測した。が、出光は白旗をかかげない。

〈殺せるものなら殺してみろ。わしは死なん。死んでたまるか！〉

と肚をくくる。自社運航の大型タンカー建造で、死地脱出をはかった。

こうして昭和二十八年、日章丸事件が起こる。

イランとイギリスの間に石油国有化をめぐって紛争が起き、イギリスはペルシャ湾を封鎖した。軍艦でイランのモサデク政権に石油政策の変更を求めたのである。

これまで、イランの石油はアングロ・イラニアン石油会社が独占していた。イギリス政府は最大株主だけに、利権をおいそれとは放棄できない。先進諸国もイランの石油国有化宣言が他に波及することを怖れ、イギリス政府の後押しをした。

強大な国際石油カルテルに潰されかかった出光は、ここでイラン石油の輸入を決行する。これは世界中のメジャーやイギリス政府に対する大胆不敵な挑戦だ。実際にイタリアの商社が傭ったローズ・マリー号はイラン石油をつんで運ぶ途中、イギリス軍艦に拿捕《だほ》されている。その危険が眼に見えているだけに、まさに社運を賭けた決断だった。

すでに日章丸は竣工していた。この虎の子の自社タンカーを、出光はアバダンへ向けて出航させる。イランは国際的に完全に孤立していたから、モサデク首相が大歓迎したことはいうまでもない。この石油輸入協定は、双方の利益が合致し、好条件で締結されていた。

日章丸は拿捕をまぬがれた。出光は米・英のメジャー間の軋轢をたくみに利用したようだ。もちろんアングロ・イラニアン石油会社は「盗品故買」で出光興産を告訴する。国際的訴訟事件として大きな関心を集めたが、この裁判は出光側の勝利となった。間もなくモサデク政権はクーデターで倒れる。だが、この協定によるイラン石油の輸入は起死回生の大ホームランとなった。なにしろ国際価格の半値なのだ。こうして出光興産はメジャーの重囲を脱出し、大躍進のスタートをきっている。

定年制がない。出勤簿、管理、罰則もない出光興産

出光佐三の人生は〈死んでたまるか!〉の連続だった。その生涯は死戦の気概と捨て身の闘志でつらぬかれている。社員も一丸となって出光の挑戦を支えてきた。

その根底にあるものは社員と店主（出光は社長でも会長でもなく、あくまでも店主である）の相互信頼だった。この信頼関係が敗戦直後の出光の言動に起因していたことはいうまでもなかろう。

ちなみに、出光興産には労働組合がない。数年前まで定年制もなければ、タイムカードもなかった。管理もなければ、罰則もない。あるものは人間尊重の事業経営と自主的な価値観に裏づけられた労働である。

このユニークな企業体をつくりあげた出光佐三は、日本はもちろん国際的にも類をみない異質な存在といえるのではないか。天っ晴れな男である。

断じて行なえば必ずものは成り立つ！

松下幸之助

【まつした・こうのすけ 一八九四―一九八九】

生家の都合で小学校中途から丁稚奉公を続け、一九一〇年、十六歳で大阪電燈の見習工員となる。一七年独立して松下電気器具製作所を設立、さらに三五年に社名を松下電器産業（現パナソニック）とする。独自の経営哲学を持ち、「長者番付」にも度々登場して、〝経営の神様〟とうたわれた。

昭和四年七月、浜口内閣が緊縮政策をとると、国内の不景気はいっそう深刻になった。

松下電器も不況のあおりをまともに食って、製品の売れ行きは半減した。在庫はたまる一方である。このままではニッチもサッチもいかなくなる。役員たちは従業員の解雇、生産の半減、賃金のカットを提案した。

そのころ松下は病床にあった。役員たちの話を聞くと、ハラハラと涙をこぼしたが、即座に肚をくって打開策を示す。

〈従業員は一人も解雇しない。給料も全額支給する。半日稼働で生産は半減させるが、そのかわり全員でストックの販売にあたる〉

その結果は上々だった。半年ほどで在庫品は底をつき、半日作業は解除・全面生産に切りかえる。

「断じて行えば必ずものは成り立つ、という強い信念がこのとき植えつけられた」

生産開始直後、にわかに契約解除を申し出てきた総代理店

松下幸之助が業界に第一歩を印した電気器具は「改良アタッチメントプラグ」である。評判がよく、市価より三割も安かったのでよく売れた。夫婦と妻の弟の三人で夜なべをしたが、注文に応じきれず、はじめて人を雇う。

松下は意気軒昂で、さらに「二灯用差し込みプラグ」を考案する。これがどんどん売れ出した。こうなると世間は放っておかない。大阪の吉田商店が総代理店として販売面をまかせてほしいと申し出てきた。

これは有利な商談である。これまでは個別に各問屋に売りこんでいたが、販売をまかせてしまえば製造だけに集中できる。それに吉田商店は販売網を東京方面にもひろげていたから、売りあげは飛躍的に上昇するに違いない。

そこで、松下は吉田商店の販売力に見合う生産体制を整備するため「三千円の融資」を条件に出した。吉田商店は総販売権とひきかえに承諾する。

ここまではよかった。が、設備投資をして、いよいよ生産開始となったところで、にわかに吉田商店が総代理店の契約解除を申し出てきた。東京方面の業者が団結して値下げを要求し、値下げが受け入れられないなら製品を扱わない、と強硬で、ために売れ行きが悪くなってしまった。このままでは取り決めの責任量を割ってしまうから、傷口が深くならないうちに総代理店の看板をおろしてしまおうとの魂胆だ。

最大の危機である。吉田商店に販売権を移すために、これまで世話になった問屋との直接取引きを断わっている。いまさら「ダメになりましたから、また……」などと虫のよいことがいえるものではない。これで販路は完全に断たれてしまう。しかも設備や人を増やしてしまっている。これを縮小することはできない。おまけに巨額の借金が目の前にある。

一軒一軒頭を下げ、問屋を訪ね歩く このへりくだった辛抱強い対応が、販路開拓を成功に導いた

松下は激怒し、途方に暮れた。

裁判にもちこんでもはじまらない。切迫した危機を乗りきるタシにはならないからだ。また、口汚なく相手をののしり攻撃しても、ラチがあくものではない。こう判断するや、松下は冷静さをとりもどす。〈死んでたまるか〉と心につぶやき、難局をどう乗りきるか対処法を思案した。

彼は吉田商店を訪れ、三千円の借金は徐々に返済することでハナシをつける。吉田商店には後ろめたさがあるから、この長期返済に異議をとなえることができない。

こうして目の前の暗雲をひと掃きすると、松下は販路の再開拓に全精力を傾注した。大阪市内の問屋を一軒一軒まわる。イキサツがイキサツだから、問屋は文句をいう。

どんなイヤミや皮肉にも「ごもっとも」と頭を下げる。さらに地図を頼りに東京の問屋を訪ね歩いた。手ひどいあしらいや侮辱にも穏かな笑顔でこたえる。

このへりくだった辛抱強い沈着な対応が、販路開拓を成功に導いた。後年、松下電器が他社とは比較にならない強力な販売網をもつことができたのも、このつまずき石を踏み石にすることができたからにほかならない。

それにしても、この冷静な対応ぶりはみごとである。絶望的大難に遭遇しながら激情に駆られることがない。さすがは「経営の神様」といわれただけのことはある。

母が恋しくて泣けて泣けて仕方がなかった、火鉢屋の小僧時代

松下幸之助は明治二十七年十一月、和歌山県和佐《わさ》村に生まれた。家は小地主で暮しぶりはよかった。だが、父が米相場に手を出して失敗し、土地も家も人手に渡ってしまった。四歳のときである。

父は下駄商をはじめたが、間もなく立ちゆかなくなる。そのうえ長兄、次兄、長姉

が相次いで病没し、一家は不運不幸のどん底にころがり落ちる。こうして松下は九歳のとき小学校をやめ、大阪の火鉢屋の小僧となった。夜、床に入ると母が恋しく、泣けて泣けて仕方がなかったという。

ほどなく店の都合で、松下少年は五代商会に移る。輸入自転車を売る店で、主人夫婦はわが子のように可愛がってくれたらしい。

この自転車店の小僧時代にこんなエピソードがある。

店にくる客から「タバコを買ってきてくれ」とよく頼まれるので、彼はまとめ買いをした。いちいち買いに走る面倒もなく、修繕の手を休めずに済む。それに少々の利益があった。二十個買えば一個のおまけがついたのだ。一挙三得というわけで、十歳の少年にしてはなかなかの才覚である。

新しい電気の時代がくる予感に、胸が躍る

小僧生活は六年つづいたが、ある日、彼はひそかに店を出た。明治四十三年の真夏

である。理由は電気へのあこがれだった。交通は乗合馬車から電車に変わり、街並みにも電灯が輝きはじめる。新しい電気の時代がくる予感に胸が躍り、電気の仕事につこうと決意したのだ。誰にも知られぬように店を出たのは、主人夫婦への恩があり、言い出す勇気がもてなかったからだという。松下は「私は泣きめそ」というだけあって、気の弱い一面があったのだ。

彼は義兄を頼って大阪電灯会社へ就職する。営業所の内線係見習工からはじまって、十六歳で担当者へ昇格した。さらに二十二歳で検査員になっている。会社で最年少の配線検査員となったのだ。この経歴からもその働きぶりがよくわかる。この間に関西商工の夜学に通い、二十歳のとき結婚もした。

松下が大阪電灯会社を辞めて独立したのは二十六歳のときである。自分が考案した改良ソケットを売り出せばどんどん儲かると思ったらしい。妻とその弟（井植歳男）の三人で出発し、すぐに大阪電灯会社の同僚二人が参加した。

ところが、この改良ソケットがさっぱり売れない。たちまち資金難に直面し、給料も払えなくなる。同僚二人は「もうこの仕事は見切りをつけよう。各自が自活の道を探そうではないか」と去っていく。初っ鼻からの失敗だった。

しかし松下は見切りをつける気分にはなれない。行き詰まりをどう打開するか、生活不安をどう切り抜けるか、焦りながらも〈このまま死んでたまるか〉と改良、製作に没頭した。自分の着物も妻の着物も質に入れていたから、相当に困窮していたのだろう。

この危機は思いもよらぬ扇風機の碍盤の注文で乗りこえた。不屈の精神が幸運を呼びこんだ恰好である。三人は全力をあげて注文をこなし、それなりの収益をあげた。このまま仕事をつづけていく自信を得て、本格的に器具の考案、製作に入っている。「改良アタッチメントプラグ」「二灯用差し込みプラグ」と開発に成功したが、ここで松下はどえらい難局に直面した。これは前に書いたとおりである。

この大難を必死の努力で乗りきった松下の前途は洋々だった。順風満帆で創業初期の基礎を築いている。

電池を一万個、タダでください。今年中に電池を二十万個売ってみせましょう。売れたら一万個まけてください

ところで、松下電器の大躍進のきっかけは、大正十二年の「自転車用砲弾型電池ランプ」の発売だった。自転車店で画期的な実物宣伝販売を行ない、世間の関心を高めている。

そして昭和二年、いよいよ真打ちの登場である。一般家庭用の角型ランプ『ナショナル』の発売だった。このとき松下は金融恐慌の真っただなかで、社運を賭けた大宣伝をやる。

彼は東京へとび、岡田乾電池の社長を訪ねた。

「電池を一万個、タダでください」

と申しこんでいる。松下の計画は一万個の『ナショナル』を無償で市場にばらまくという思いきったものだった。しかしランプは電池をつけなければ役に立たない。そこで電池一万個を無料で提供してほしいというのである。

これには岡田社長もアッケにとられた。無茶な話だと渋っていると、松下は、

「この宣伝は絶対に当たります。今年中に電池を二十万個売ってみせましょう。二十万個売れたら一万個まけてください。そのおまけの一万個を今もらって、ランプにつけてばらまくのです。もし二十万個を一個でも欠けたらおまけの分は即座にお返しします」

と、確信をもって説得する。まるで燃えさかる火のような激しい情熱に岡田社長は感動した。

「こんな交渉ははじめてです。よろしい。二十万個、年内に売ってくだされば一万個はノシをつけてあげましょう」

と、松下の申し入れを受けている。

結果は大成功だった。ランプの注文が殺到し、電池の売れ行きも約束の二倍強、四十七万個を売っている。岡田社長はわざわざ大阪へ出向き、感謝状とおまけの一万個分の代金を松下に手渡したという。

それにしても一万個を無料で提供しろとは虫のよい話である。『ナショナル』の性能がすぐれていたことは確かだが、たとえいくら性能がよくても社運を賭ける度胸が

なければ、快く引き受けさせることはできなかったはずである。松下の面目躍如たるものがあるではないか。

従業員は一人も解雇しない。給料も全額支給する。そのかわり全員でストックの販売にあたる

こんなエピソードもある。

昭和四年七月、浜口内閣が緊縮政策をとると、国内の不景気はいっそう深刻になった。さらに十月、ニューヨークの株式暴落が世界経済の大恐慌の引き金になる。日本への影響も甚大で物価は下落、商品の売れ行きは急激に減退し、いたるところで工場の縮小、閉鎖、倒産と不況の嵐が吹き荒れた。従業員の解雇、労働争議が頻発し、社会の混乱は深刻をきわめていく。

松下電器も例外ではなかった。

急成長した企業ほど体質はもろい。ひとたび不況に直面すると、たちまち販売不振から製品在庫は山積みになる。賃金カットや従業員の大量解雇へ追いこまれていく。

松下電器も不況のあおりをまともに食って、製品の売れ行きは半減した。在庫はたまる一方である。このままではニッチもサッチもいかなくなるのは火を見るよりも明らかで、当然ながら役員たちは従業員の解雇、生産の半減、賃金カットを提案した。

そのころ松下は病床にあった。役員たちの話を聞くと、ハラハラと涙をこぼしたが、即座に肚をくくって打開策を示す。

〈従業員は一人も解雇しない。給料も全額支給する。半日稼働で生産は半減させるが、そのかわり全員でストックの販売にあたる〉

というのである。当時としてはこれはすぐれた見識だ。松下は自分の経営手法を崩すことなく危機に対処している。

その結果は上々だった。半年ほどで在庫品は底をつき、半日作業は解除・全面生産に切りかえている。

「断じて行えば必ずものは成り立つ、という強い信念がこのとき植えつけられた」と語っているが、こうして松下電器は不況期に工場を新設するなど、事業を拡大していったのである。

経営者と労働者は車の両輪だ。この均衡がとれてこそ会社は健全に運営されていく

敗戦後、松下は公職追放にあっている。当時、二万人におよぶ労働者がいたから、GHQでは財閥の統率者とみていたのかもしれない。このとき従業員の間から解除嘆願運動が起こった。また昭和二十一年一月、労働組合が結成されると、松下はすすんで歓迎の言葉を述べた。

この二つのことからも松下の経営哲学がうかがえる。彼は「経営者と労働者は車の両輪だ。この均衡がとれてこそ会社は健全に運営されていく」と語っているが、事実、昭和四十年には他の企業に先んじて「週休二日制」を実施した。翌年には、男女間の給与体系を改善して差別を排し、教育施設やリクリエーション施設の整備にも力を入れている。

戦さは最後に勝てばよい

●織田信長

元亀元年、信長は数万の大軍を率い、朝倉討伐のため敦賀に入った。手筒山城を一日で落とし、次の日には金ヶ崎城を攻め落とし、怒涛の勢いで朝倉の本城へ向かう。が、このとき思いもよらぬ情報が入った。小谷の浅井長政が朝倉方に加勢して立ちあがったというのだ。

織田軍は退路を断たれ、挟撃されるかもしれない。信長の決断は早かった。勝ち戦さであり、圧倒的大軍でありながら、

「この戦いはやめた！」

と叫ぶや、ひらりと馬にまたがり、朽木《くちぎ》越えの間道をとって一目散に逃げ出した。味方の武将にも退却を知らせていない。最前線の徳川家康が知ったのはかなり後のことである。その逃げ足の早さに、幕僚たちはみなあっけにとられてしまつた。

作家の司馬遼太郎はこんな話を書いている。

後年、秀吉が語った信長についての人物論だ。まわりに徳川家康、宇喜多秀家、前田利家、蒲生氏郷、毛利輝元がいる。

「蒲生殿は、戦さ上手である」

と秀吉はほめた。秀吉がほめるだけでなく、氏郷ほどこの時代、その軍才を高く評価された若い武将はいないだろう。

「たとえばである。ここに故右大臣様（信長）と蒲生殿が合戦するとする。その人数は右大臣様が五千、蒲生殿が一万、おのおのはいずれに味方せらる」

人数は蒲生が倍である。戦いは通常多数が勝つ上に、両将とも勇気といい戦術的な知恵とい

い、さほどにかわりがない。

　家康でさえ首をひねった。まして秀家、輝元程度の凡庸の男には解けそうにない。秀吉はみずから解答を出し、

「わしは故右大臣様に味方する」

　と言った。信長は多勢に無勢で敗戦するであろう。「しかし」と秀吉は言う。

「なぜなら、蒲生方から兜《かぶと》首五つ討ち取ったとすると、かならずそのなかに氏郷の首が入っている」――いうとおり、氏郷は命知らずなところがあり、つねに陣頭で大将みずから敵と格闘するくせがあった。

「ところが織田方は五千のうち四千九百人まで討ち取られたとしても、右大臣様はなお生き残った百人の中に入っているだろう。右大臣様は生きてあるかぎり、かならず再起をはかる。ついには勝つ」

　たしかにそうだ。信長は、これはいかんと思ったら、恥も外聞もない。風をくらって遁走する。桶狭間の奇襲にみられる勇気と闘志をもちながら、また、逃げっぷりは迅速かつ徹底している。さすがは風雲児、面目躍如たるものがあるではないか。

悲惨苛酷な絶望的状況で生き抜く
●黒田官兵衛――

　黒田官兵衛は播州御着《ごちゃく》の土豪・小寺政職《こでらまさもと》の家臣である。主君が織田、毛利のどちらを選ぶか迷ったとき、彼は織田につくことを進言し、そのために動いた。

　だが、播州第一の豪族・別所長治《べっしょながはる》が毛利へ与《くみ》し、また摂津の荒木村重が謀叛を起こして織田から毛利へ寝返ると、小寺も毛利へついてしま

った。

すでに秀吉の指揮下に入っていた官兵衛は愕然となる。政職を翻意させようと、御着城へ戻って諌止した。しかし政職は煮えきらない。要するに荒木村重しだいだという。

官兵衛はすぐに摂津へ馬を走らせ、伊丹城に入った。が、荒木のもとには政職からの早飛脚が着いていた。荒木は官兵衛を城内の牢獄にぶちこむ。

この牢獄がひどかった。城内の西北にあたる片隅にあり、小さな窓が一つだけあるだけで外は溜池、それも大竹薮にかこまれているから日の光はささない。いつもジメジメとしていて風はまったく通らない。当然、蚊やシラミに食われ疥癬《かいせん》におかされ、頭髪はぜんぶ抜け落ちてしまった。

おまけに牢獄の天井は低く、立つこともできない。床は狭く、横に伸びて寝ることもできない。連日、すわっているだけだから肉は落ち、ひどい皮膚病で右膝が腐る。

こんなところにぶちこまれたら、まず半年ともたない。かなり強健な肉体でも牢死してしまう。いわんや官兵衛の肉体は幼少から頑強ではなかった。むしろ虚弱といってよい。だが、官兵衛は伊丹城が織田軍の攻撃によって落城するまで満一年、奇跡的に生きている。

海音寺潮五郎は〈大竹薮からのびてきて獄窓にからみついた藤蔓《づる》が新芽を出し、可憐な紫の花房をひらいたことが心を慰めた〉と書き、司馬遼太郎は〈生きる工夫をし、息までひそめるようにして体力の消耗を避け、獄卒と仲良くし、陽のかげろい程度の変化にも楽しみを見つけて心を慰撫し〉と書いているが、官兵衛が生きのびた最大の秘密は強じんな精神力にあった。悲惨苛酷な絶望的な状況の中でも〈いずれ助かる〉と信じ、その信念をゆるぎなくもちつづけたからにほかならない。

もちろん、精神が崩れかかる瞬間を日に幾度となく体験したことだろう。信念が萎える瞬間を日に何度となく感じることもあったろう。そのたび、官兵衛は「死んでたまるか！」と心に叫びつづけている。この叱咤激励が肉体の消滅を救ったのだ。凄絶の一語につきるではないか。

〈演出による死地脱出法〉

●伊達政宗――――

政宗は十九歳で父を失い、以後、伊達家の当主として独裁的に行動した。近隣の弱小豪族や諸大名を攻めつぶし、二十三歳のころには百万石の強大国にのしあがっている。

だが、秀吉が小田原征伐に乗り出すと、立場が苦しくなってきた。彼は秀吉に忠誠を誓ったが、会津の蘆名《あしな》家を攻め滅ぼし、秀吉を激怒させている。早く秀吉のもとへ参陣して機嫌をとる手もあったが、なにぶん関東の雄、北条の力もあなどれない。それに家康は北条と姻戚関係にあるし、秀吉に叛旗をひるがえすかもしれない。ここは両天秤にかけ、その間に自分の領土を拡げておこうと考えた。

ところが、家康はいっこうに反乱を起こさない。東北の諸豪族も秀吉のもとへ参候し、北条の滅亡は目に見えてきた。こうなると伊達家の滅亡も時間の問題となってくる。目算はずれ、時機を失してしまったが、ともあれ小田原城が落ちないうちに参候しようと決断した。

関東は北条の領土で通れないから回り道をし、一カ月ほどたってようやく小田原に到着したが、このときの政宗の姿が異様である。
なんと！　子どもの頭のように髪を短く切ってかむろにし、鎧の上には白麻の陣羽織をまとっている。死を命ぜられることを期しての凄まじい演出だ。秀吉はこの風態にたいへん興味をよせたという。

同じような奇抜な演出が、翌春また見られた。
秀吉は小田原城を落とすと会津に入り、小田原に参候しなかった諸豪族の領地を没収し、木村吉清・久清父子に与えた。会津には蒲生氏郷を入れ、関東・東北の抑えにした。

が、たちまち木村親子の領地から一揆が起こる。失業した武士が主体だから一揆勢は強い。そこへ政宗が加担した。百万石を七十万石にへらされて内心面白くない。そこで一揆を煽動し、新領地をとろうとソロバンをはじいたのだ。

この一揆平定に活躍したのが蒲生氏郷である。天性の将器といわれるだけあって、並の武将ではない。背後の伊達軍に悩まされながらも、ついに一揆を鎮圧した。氏郷が相手だったのが政宗の不運といってよい。

氏郷は一揆を平定すると、ただちに証拠の書類をつけて政宗を一揆の煽動者として告訴した。証拠とは政宗が一揆勢に与えた手紙や廻文だ。
秀吉はさっそく政宗を京へ呼びよせた。

このときである。政宗は金箔で包んだハリツケ柱を押し立てて上洛した。弁明が聞き入れられなければ処刑されるにきまっているから、この立派なハリツケ柱を使おうというわけだ。

この金箔のハリツケ柱に京の人々はみなたまげ、あきれかえってしまったという。死んでたまるか！　の気魄も凄いが、それにしても人を食った演出ではないか。秀吉は許した。もっとも領地はけずられている。

命を賭けた大相場に勝った！

野村徳七

〔のむら・とくしち　一八七八――一九四五〕

両替商だった家業を継ぎ、やがて証券業へ乗り出す。調査部の設置など組織の近代化につとめ、日露戦争を期に大儲けして、三十歳にして巨万の富を得る。野村銀行、野村證券を中心とした野村財閥をつくり上げた。

徳七は血の気も失せた。これ以上、取引きをつづけるには莫大な証拠金と追証が必要で、あと数日の命しかない。借金の山に圧しつぶされるのは火を見るより明らかだった。

徳七は必死の形相で鴻池銀行上町支店に乗り込み、百万円の融資を頼む。

担保には自分の財産ばかりか、妻の実家や父親や弟の全財産をあて、さらに姉の夫を保証人とした。

返せなければ、みな地獄への道連れである。死んで詫びるしか方法はなかろう。

融資がきまると、徳七は眼をぎらつかせて叫んだ。

「死んでたまるか！」

〈時いたれり〉買って買って買いまくれ！

明治三十七年二月、日露戦争が勃発した。

国中が熱狂したが、株式市場は低調だった。戦争は〝買い〟といっても、なにぶん相手が悪い。ロシアは国が大きいから、ひょっとすると負けるかもしれない。そうなったら日本の経済など吹っとんでしまう。株式取引所に閑古鳥が鳴くのも当然である。野村徳七も慎重だった。彼はこれまでに二度も大穴をあけ、父親に尻ぬぐいをしてもらっている。なんとか父親にせがんで二万円（いまの貨幣価値になおすと八千万円くらいか）を事業資金として貰い受けたが、今度、失敗したら一家は路頭に迷うしかない。気は強く二十七歳の若き血は騒ぐが、頭は冷静にならざるをえなかった。

徳七ははやる心をおさえ、日清戦争時の株式市況を調べる。開戦時の低調な株価が日本軍の優位が定まった時点から急騰したことを知ると、彼はひたすらその時期を待つ。そして日本海海戦でバルチック艦隊が潰滅するや、〈時いたれり〉と勇躍した。

軍需品株や紡績株、医薬品株を買いまくる。ほとんど同時に東京株式取引所も大阪株式取引所も沸きかえった。

この上げ潮は日露戦争が終結しても変わらず、三十九年に熱狂相場となった。設備投資がつづき工業生産が活況を呈したことが、天井知らずの騰勢をもたらしている。

いまの相場は狂っている。すぐに恐慌がやってくる 買い方から離れろ、売りに回れ

徳七は大儲けしたが、間もなく〝買い方〟から離れた。二十八年の日清戦争後の金融、産業界の動き、株式市況の連動を徹底的に調査分析し、

〈十年前の戦勝景気は一年で終わり、株価は暴落した。いまの相場は狂っているのだ。すぐに恐慌がやってくる〉

と判断している。

ここで徳七は〝売り方〟にまわった。

しかし、熱狂相場はなおつづく。東京の相場師〝鈴久〟こと鈴木久五郎が執拗に

〝買い〟の大相場を張る。大阪の相場師や資産家も鈴久の尻馬に乗り、株価は軒並み連騰した。

この鈴久は鐘紡株を買いまくり、三十九年の春には四百万円という大金を手に入れた。米十キロが一円五十銭の時代だから、まさに天文学的数字である。濡れ手に粟の成金第一号となっている。とにかく派手な男で、鐘紡の大株主として総会に乗りこみ大ボス武藤山治を追い出したり、連夜、赤坂・新橋で芸者を集めてドンチャン騒ぎをくりかえすなど、世間の注目を一身に集めていた。

徳七は〝売り〟にまわったものの、熱に浮かされた戦後景気にはさからえない。なにしろ鈴久が鉄道株を買えばそれが暴騰するし、彼はその豊富な資金量にものをいわせていっそう買い人気を煽りたてている。

それに比べて徳七の力量はあまりにも小さかった。そもそも野村商店は従業員がやっと二十数人ほどに増えたばかりで、徳七はまだ正規の仲買人の資格もなかった。仲買人になるには何万円という身元保証金が必要で、やむなく他の仲買人を窓口にして取引きをするほかはない。つまり三流どころで資金量も少なく、売り買いの規模は知れたものだったのだ。

これ以上、取引きをつづけるには莫大な証拠金と追証が必要だ。あと数日の命しかない

徳七はたちまち窮地に立ち、金策に走りまわる。三十九年から四十年にかけて、株式相場はさらに活況を呈した。株価は軒並み高騰する。

徳七は血の気も失せた。これ以上、取引きをつづけるには莫大な証拠金と追証（不足分の拠金）が必要で、あと数日の命しかない。借金の山に圧しつぶされるのは火を見るより明らかだった。

徳七は必死の形相で鴻池銀行の上町支店に乗りこみ、百万円の融資を頼む。担保には自分の財産ばかりか、妻の実家や父親や弟の全財産をあて、さらに姉の夫を保証人とした。もし、返せなければ、みな地獄への道連れである。死んで詫びるしか方法はなかろう。融資がきまると、徳七は眼をぎらつかせて叫んだ。

「死んでたまるかッ！」

彼はその足で岩本栄之助を訪れる。栄之助は商業学校時代の同級生で、いまは父の

跡をついで岩本商店を切りまわし、大阪株式取引所の役員もつとめていた。この栄之助を売り方に引きこんで、いくらかでも相場を冷やそうと考えたのだ。

徳七の懸命な説得と懇願に、栄之助は応じた。〈そろそろ天井か……〉との思いもあったろう。徳七は栄之助と別れると、またまた金策に走りまわる。地獄の苦しみは避けようもないが、有名仲買人の岩本を味方につけたことで、明日の倒産だけは免れそうな予感があった。

若冠三十歳、成金頭にのしあがった。命を賭けた大相場に勝ったのだ。

火勢はなおも烈しく燃えつづける。が、一月二十一日、突如、相場は一変した。大暴落に転じたのである。栄之助が成り行きで大量の売りを浴びせたのがきっかけだった。大阪株式取引所の株価はアレヨアレヨと思う間もなく急落する。奇しくも東京株式取引所でも渡辺某が大量の売りに出た。三井・三菱の財閥はこれまで実株をひそかに処分していたが、この機に乗じて大量の売りを出す。

これで相場は決定した。諸株は一斉に下降して、わずか十日で半値という雪崩《なだれ》現象をひき起こす。鈴久は必死に防戦したが、これまで〝買い方〟にいた相場師や資産家もあわてて〝売り方〟にまわったからパニックとなる。下げ足は急で、止まる気配はない。三分の一、五分の一と、まるで空気が抜けて風船が縮むように株価はしぼむ。

ついに鈴久はスッテンテンになり、栄華は一炊の夢と消えた。成金第一号はもとの〝歩〟にもどっている。

この急変で犠牲者が多く出た。投身自殺、割腹自殺、さらに逃亡する者は数知れない。一時は株で儲けたものの、図に乗りすぎて失敗したあげくの悲劇だった。

これにひきかえ徳七は大儲けした。半年たらずの大暴落で売りまくり、六百万円（いまに換算すると二百五十億円くらいか）を儲けている。若冠三十歳で成金頭にのしあがる。命を賭けた大相場に勝ったのだ。

首をくるか、腹をくるか、二つに一つ

野村徳七は明治十一年八月、大阪松屋町筋農人町に生まれた。この年に渋沢栄一や三井養之助、大倉喜八郎らが発起人となって東京株式取引所が誕生している。同年、大阪でも五代友厚、鴻池善右衛門、住友吉左衛門らの発起によって大阪株式取引所が生まれているから、奇しき因縁というべきか。

家業は両替商。でも鴻池や天王寺屋のような豪商ではなく、わずかな手数料で細々と営業する、いわば零細企業であった。

徳七は小学校高等科を出ると、大阪商業学校予科に入る。が、本科の進級試験に落ち、株式投機の世界で生きることを決意した。そして株式仲買人八代商店で働く。姉の嫁ぎ先で、主人の八代祐太郎は義兄である。

だが、間もなく徳七はえらいことを仕出かす。主人夫婦が五日ほど留守にしたとき一か八かの相場を張り、五百円の大穴をあけた。うどん一杯一銭の時代だから、五百円といえば途方もない大金である。十九歳の世間知らずが濡れ手に粟を狙ったのだが、〈失敗してもなんとかなる〉との義兄や姉への甘えもあったろう。

父親は五百円を八代に払い、倅の不始末を詫びた。徳七は家にもどり、父親の許しを得て株屋への再出発をはかる。もちろん仲買人の資格はないから、北浜の江口弥兵衛商店を窓口にして現株のブローカーをはじめた。両替商は前途に明るさがなかったので、父親もしぶしぶ認めてくれたという。

ところが、間もなく徳七は欲に駆られて千五百円の大穴をあけた。再度の尻ぬぐいを父親に頼むのはさすがに気がひけ、徳七は東京へ夜逃げする。〈首をくくるか、腹をくくるか、二つに一つ〉となれば、人生に未練のある若造としては腹をくくるしかない。〈死んでたまるか！〉とばかりに蒸発したのだ。やむなく父親は再度、息子の尻ぬぐいをする。

〈一に調査、二に調査〉

しばらくして舞いもどった徳七は父親に詫びを入れ、神妙に仕事に励んでいたが、明治三十一年の暮れ、徴兵されて工兵隊に入営した。要領のよい徳七は一年で上等兵、二年で伍長に進級する。三年間の兵役を終えると実家にもどって、ふたたび取引きに精を出す。

だが、徳七の胸は晴れなかった。父親は酒も女もたしなまず、こつこつと堅実一方の働き者だから〈株はバクチ〉の考えに徹している。二度も穴埋めさせられただけに、一攫千金の夢に浮かされている息子の言動に厳しく眼を光らせていた。その眼に出会うと徳七の投機心は金縛りになってしまうのだ。

その父が、にわかに気力を失った。明治三十六年六月、妻が死んだのである。すっかりうちひしがれ、魂が抜けてしまった父は家業も手につかない。徳七の商売にも口を出すことはなくなった。隠居も同然である。

時をおかず徳七は履物問屋の娘と結婚した。家族五人のほかに四人の雇人がいるので一家の切り盛りをするしっかり者が必要だったろう。妻の実家は嫁入り支度に二千円を使っているから、相当な資産家である。

ともあれ、徳七はこの間、株の勉強にうちこんだ。カンと度胸の二度の失敗にこりたか、父親の株式バクチ観に抵抗してか、情報の収集と緻密な調査に励んでいる。経済の動向、上場会社の資産内容、業績、将来性、株価の動きなど、〈一に調査、二に調査〉と歩きまわった。

やがて徳七は野村商店に調査部を置き、毎日新聞の経済記者橋本奇策を引き抜いて部長にあてる。『野村商報』も発行した。

株屋から証券業者への脱皮 そして意識革命の徹底へ

徳七は日露戦争後の狂乱相場でスターダムにのしあがる。朝日将軍、飛将軍と評判は北浜でもちきりで天にも昇る心地だった。間もなく世界一周の旅に出る。

帰国すると、徳七は経営の近代化にとりかかった。いっそうの情報収集とデータの充実を目ざして調査部の拡充をはかる。その成果の一つに株式日報や株式年鑑の発行があった。また、大学出身者を採用し、株屋から証券業者への脱皮をはかる。十分な給料を出すことで店員の自己売買を禁じ、これまでの悪習を一掃した。こうした近代化を推進することで、店員四十数名の意識革命を徹底させている。

明治が終わり、大正に入ると、ふたたび徳七の目の前に大相場が出現した。第一次世界大戦である。

大正三年七月、オーストリア皇太子暗殺事件が起こると、ニースに住むアメリカ人の鉄道技師ヘンリー・パッジャーから「大戦勃発必至」の電報が入った。徳七はヘンリーが来日したとき面識を得て、彼を海外情報の入手機関の一員に加えていたのだ。

徳七はヘンリー情報に接するや、すばやく軍需株や石油株、さらに医薬品株、繊維株を買いまくる。間もなく日本経済は大戦ブームにわきかえり、徳七は株価の暴騰で巨利を得た。

また大正五年十二月「ドイツの敗北近し」のヘンリー情報を受けると、徳七は活況を呈する経済界の動きに背を向け、未練もなく持株を売り払っている。

大戦ブームでボロ儲けした造船、貿易、繊維、合鉄などの成金たちは、戦後の深刻な不況の波をもろにかぶって奈落の底へ転落した。株成金も売り逃げの機を失って、鈴久の二の舞いを演じている。徳七はヘンリー情報で〝売り方〟にまわっていたため、ここでも巨富を築いている。

その後、徳七は新会社をつくり、野村銀行を創立した。この野村銀行が、後年、形成される野村財閥の中核となる。また、野村銀行の証券部が独立し、これが『野村証券』となる。野村商店はやがて大阪屋商店と名前が変わり、野村家はその経営から手を引いた。

徳七の事業欲は衰えを知らない。次々と新会社を設立し、また優良会社の大株主となり、さらに買収合併をくりかえし、多くの企業を傘下に収めていった。野村コンツェルンはこうして形成されている。

ちなみに、日露戦後の狂乱相場で徳七を援けた岩本栄之助は大正五年十月ピストルで自殺した。家人や店員を慰安の名目で外出させ、独りぽっちの自室で引き金をひいている。

その数カ月前、栄之助は徳七を訪ね、二十万円の借金を申し込んだ。たまたま徳七は南洋観光に出かけ、留守をあずかっていた弟がこの借入申し込みをニべもなく断わる。

これまでに徳七は五、六千万円の巨富を築いた。〈きっかけは、私が義侠の売りを浴びせたからではないか〉と栄之助は思っている。〈二十万円は鼻クソみたいなものだろう〉なのに徳七は帰国しても〝知らぬ顔の半兵衛〟をきめこんでいる。

栄之助の胸の中には怒りと同時に〈不意に現れるのではないか〉といった期待感もあったろう。が、ついに徳七は現れない。

誇り高い北浜のプリンスには、二度と徳七を訪れる勇気がなかった。断られる屈辱に堪えられなかったのかもしれない。

栄之助には〈恥の上塗りなどクソくらえ。死んでたまるか！〉の気概がなかった。

徳七との明暗はこの気概の有無といっても過言ではなかろう。

おれにもツキがまわってきたぞ
江戸一番の分限者になってみせる！

河村瑞賢
〔かわむら・ずいけん 一六一七——一六九九〕

伊勢国出身。十三歳で江戸に出て、材木商さらに建築業者として財を成す。幕命により東廻り・西廻り航路を開拓、さらに畿内の治水工事事業も成功させ、これらの功績によって旗本にまでなった。

〈このままでは野垂れ死にだ。いっそ上方へ行って一旗あげよう〉と考え、たくわえ金三分を懐中にして江戸を出た。

たまたま小田原で老人と泊り合わせる。その老人があわれむように瑞賢を見て、

「江戸は若者の町なのに……」という。江戸は日本の中心だ、その江戸で駄目なやつが上方で何ができるか……といったひびきにハッとなる。一晩寝もやらず考えて引きかえす決心をした。

東海道を六郷の渡しまで来て、瑞賢は人生の転機を迎える。盆の十六日の朝、川に流された無数のナスの牛やキュウリの馬を見て、

「ん！　これだ！」

これを塩漬けにして江戸へかついで行けば、きっと売れる！

瑞賢は六郷の渡しに着いた。多摩川を越えれば江戸である。川原におりて腰をおろし、「このまま死んでたまるか」と、つぶやくが、何をやればよいか妙案は浮かばない。ぼんやり川面《かわも》を眺めていると、目の前に短い竹串をさし、牛の形をかたどったナスが一個流れてきた。

……あれ？

と思って見まわすと、キュウリの馬やナスの牛が川岸のよどみにいくつも浮かんでいる。このあたりでは盆の十六日の朝、冥土へ帰る亡き人の魂を乗せるために川へ流すのが風習だった。

「それにしても、もったいないなあ」

と、つぶやき、突然、頭の中に稲妻が走った。

「ん！　これだ！」

瑞賢は、がぜん生気をとりもどす。胸をおどらせて叫んだ。

「おれにもツキがまわってきたぞ。いまに見てろ、江戸一番の分限者になってみせる！」

＊　＊

河村瑞賢は伊勢の国東宮《とうぐう》村の出身である。

十三歳のとき知人をたよって江戸へ出た。富豪になる夢をみながら日雇人足をしていたが、さっぱりうだつがあがらない。いくら働いても、食べて寝て、また、働いてのくりかえしである。二十歳をすぎ、

〈このままでは野垂れ死にだ。いっそ上方へ行って一旗あげよう〉

と考える。七年間にたくわえた金三分を懐中にして江戸を出た。

たまたま小田原で老人と泊り合わせる。その老人があわれむように瑞賢を見て、

「江戸は若者の町なのに……」という。江戸は日本の中心だ、その江戸で駄目なやつが上方で何ができるか……といったひびきにハッとなる。一晩寝もやらず考えて引きかえす決心をした。

東海道を六郷の渡しまで来て、瑞賢は人生の転機を迎える。

盆の十六日の朝、川に流された無数のナスやキュウリを見て、

〈これを塩漬けにして江戸へかついで行けば、きっと売れる！〉

と閃いたのだ。

彼はさっそくそのへんの乞食に銭をやって拾い集めさせ、数十の古桶を買って塩漬けをつくった。

時あたかも江戸は建築ブームである。瑞賢は毎日、普請場に出向いていって、この塩漬けを昼飯の菜として売った。とぶように売れた。元手はタダ同然だから丸儲けである。

大火の知らせが木曽の材木問屋にとどく前に材木を買い占めろ

そのうち工事監督と親しくなり、人夫頭となった。その後、人足の口入れ稼業をはじめ、さらに土木建築業者の下請けをやり、次第に頭角をあらわす。ついで材木屋になった。

この瑞賢が一夜にして巨万の富を得たのが明暦の大火である。

折からの強風に煽られて、火はまたたく間に町々を呑みこんでいく。

〈未曽有の大火になる〉

と直感した瑞賢は女房子どもを避難させると、羽織・袴に身をととのえ、十両あまりの全財産をふところにして江戸を出た。早駕籠を雇い、昼夜兼行で木曽へ吹っ飛ぶ。大火の知らせが木曽の材木問屋にとどく前に材木を買い占めようとの魂胆である。

木曽に着いた瑞賢は、木曽のいちばんの材木問屋に狙いをつけた。懐中にはわずかな金しかないのに、門口《かどぐち》で遊んでいた子どもたちに小判三枚をポンと与える。一か八かのハッタリだ。問屋の主人は驚いた。子どもに小判をやるくらいだから、相当な大金持ちだと思ったろう。羽織・袴の悠揚せまらぬその風采もよい。瑞賢は相手の反応を読みとると、おもむろに用件を切り出した。

「わたしは江戸の者だが、このたび大普請を落札したので大量の木材が必要になり、直《ぢか》に買い付けにやってきた。とりあえず手金を打ちたい。代金は間もなく手代が持参する」

問屋の主人に異議はない。即座に証文をかわす。瑞賢はこの証文にものをいわせて他の問屋とも取引きを済ませ、木曽中の材木を押さえてしまった。もちろん手代がくるわけはない。待っていたのは、一足遅れてやって来る江戸中の材木問屋だ。彼らは瑞賢がつける値段を泣く泣く呑むほかはなかった。瑞賢はあっという間に数千両を儲けている。まさに火事場成金である。瑞賢このとき四十歳。

これを機に、瑞賢は建設業者として活躍する。

航路開拓、治水工事、銀山開発の功績でついに旗本に

大きな仕事を請け負うには、幕府の要人や諸藩の実力者の信任を得ることが不可欠の条件だろう。瑞賢は巧みに立ちまわった。こんな話がある。

稲葉美濃守に取り入るため、瑞賢は小田原の長高寺にみごとな銅蓮の手水鉢《ちょうずばち》を贈った。美濃守が帰依していることを知ったからだ。美濃守がこの手水鉢を見て瑞賢に好意をもつのもごく自然な成行きである。時機をみて、瑞賢は知人の紹介状をもって美濃守の屋敷を訪れた。以来、美濃守は瑞賢を贔屓《ひいき》にして、仕事上の便宜を取り計ら

ってくれたという。

一事が万事で、瑞賢は諸藩、旗本の建築を請け負い、やがて江戸屈指の大商人にのし上がっていく。評判がよく、信用を得て、幕閣でも瑞賢の存在を注目するようになった。

やがて瑞賢は重要な幕命を受ける。東廻り航路の開拓である。

これまで上方・江戸の海上輸送はそれなりに整備され、廻船を用いて生活必需品や資材などを運んでいた。だが、江戸の人口が爆発的に増加して米の需要がいちじるしく増大する。幕府は奥羽の天領（直轄領）の産米を海路で輸送しようと計画したが、こちらの海路は未開拓で、廻船を用いるにも難問が山積みしてスムーズにいかない。強行すれば難破して損害を蒙るし、航路の開拓が焦眉の急となっていた。幕府はこの航路の整備に瑞賢を起用したのだ。

瑞賢は腕ききの手代を派遣し、米倉庫や運搬方法を実地に調査して地図を作成する。また、平潟、那珂湊、銚子、小湊などに番所を設けるなどの航路開拓案を幕府に提出し、その実現に精励した。山積みする難問を一つ一つ着実に解決し、ついに東廻り航路を完成する。

幕府はその実績を高く評価し、瑞賢はさらに北海航路も整備する。

これらの航路開拓は、海運史上、画期的な事業だった。近世日本の経済発展に大きく寄与したことはいうまでもない。

また瑞賢は幕命を受けて畿内の治水工事に精励した。この事業の成功も奥羽海運の開拓と共に瑞賢の栄名を後世に高めた。さらに瑞賢は幕命で銀山開発にも尽力し、また自らもこの請け負いで巨利を得ている。

瑞賢はこれらの功績で旗本に取り立てられた。日雇人足から身を起こし、江戸随一の分限者となった上での栄誉である。感無量のものがあったろう。

心は小さく、こまかく持て。大気者といわれるように振舞っていたら、立身しても、たちまちしぼんでしまう

ところで、この瑞賢は茶道をたしなみ、禅宗に帰依するなど、精神面の充実もはかっている。また学問を尊び、学者の庇護にも心を配った。

新井白石がその一人である。

瑞賢は万巻の書を求めて書庫に収めていたが、これらの膨大な蔵書を学者に自由に閲覧させた。また、貧しい少壮の学者には経済的援助を与えている。

そのなかに新井白石がいたが、この白面の書生を将来大学者になると見こんだ瑞賢は、長男（若くして病没）の娘を白石に娶《めと》わせようと考えた。そこで三千両の持参金をつけ、知人をとおして縁談をすすめている。

このとき白石は「化粧料のついた女性をもらえば学者に疵《きず》がつきます。今のままなら小さな疵だが、もし瑞賢殿が言われるような大学者になったときには、疵は殊更大きくなります。三千両で大疵のある学者をつくるのは上策とは申せません。それに私は小さな疵を蒙るのも望みません」と断っている。

白石は武家の出だから、心のなかには商人をさげすむ気持ちがあったろう。武士の身分の誇りと、強い自負心が逆玉《ぎやくたま》を拒絶させたのではないか。

白石は江戸時代屈指の学者に数えられるだけあって、その見識はさすがである。が、より大きいのは瑞賢の器量である。手きびしく縁談を断られたのに、彼の心は書生の白石を暖かく包んでいる。前と寸毫も変わることなく接し、蔵書を貸しつづけ、経済的援助も怠らない。人物でなければ出来ることではなかろう。白石が後年、『奥羽海《おううかい》運記《うんき》』『畿内治河記《きないちかき》』を書いて瑞賢の功績を後世に伝えたのも、瑞賢の人柄を敬愛し、恩義に酬いる気持があったからではないか。

「新航路が開拓されてから、東北の諸侯は余剰の米を他国へ売って必要な貨財にかえることができた。有無相互に助け合い、国の経済も大きくなった。日本中に商船が走り、広く交易が行われるようになった。天下の食糧・貨財がところによって安く、ところによって高いという不均衡がなくなったことは実に海運の功績である」

白石は瑞賢の事業をこう賞讃しているが、正当な評価だろう。

江戸の豪商といえば、紀伊国屋文左衛門や奈良屋茂左衛門のようにでっかく稼いで、

吉原で万金を散じるような御大尽《だいじん》を連想しがちだが、瑞賢は違っていた。学問を好み、茶道をたしなんで精神を高め、後世に残る重要な大事業を成し遂げている。

また、明暦の大火でみせた凄腕の反面、〈心は小さく、こまかく持て。世上に大気者といわれるように振舞っていたら、いったんは立身しても、たちまちしぼんでしまう〉と説くあたりが並みではない。

瑞賢こそ比類なき力量・見識をそなえた江戸最高の豪商といっても過言ではなかろう。

恥がなんだ、面目がなんだ
生きてさえいれば、なんとかなる

岩崎弥太郎

〔いわさき・やたろう
一八三四――一八八五〕

土佐生まれ。藩の長崎貿易を扱う土佐商会で仕事を始め、維新後、土佐開成社を設立、これを一八七三年に三菱商会と改称し、海運業の分野で活躍する。征台の役、西南の役での軍事輸送で巨利を手にし、その後の三菱財閥の礎をつくり上げた。

ここで仇討ちを放棄して逃げ出したら、東洋派ばかりか、土佐中の笑いものになるだろう。

しかし弥太郎はメンツなどかなぐり捨て、生きる道を採った。

決死の大役を買って出た一方の井上佐一郎は殺され、武士として名をあげた。そして片や弥太郎は「見下げはてた男」と嘲笑され、失意の日々を送っている。

〈恥がなんだ。面目がなんだ。殺されては元も子もなかろう。生きてさえいれば、なんとかなる〉

弥太郎は、名より命が大切だった。

地下浪人の子として屈辱的な差別をうけた憤懣と悲哀の日々

岩崎弥太郎は天保《てんぽう》五年十二月、土佐の井《い》ノ口《くち》村に生まれた。地下《じげ》浪人岩崎弥次郎の長男である。地下浪人とは郷士の株を失ったもので、いわゆる他譲《たじょう》郷士である。弥太郎の祖父が生活に困ってか、郷士の株も売り払ってしまったのだ。

その身分のせいで、弥太郎はいくどとなく屈辱的な差別待遇をうけた。憤懣と悲哀の日常を余儀なくされ、ことあるごとに〈いまに見とれ。必ず見返してやる！〉と目を剥いている。傲岸不遜、直情径行の弥太郎が烈しい闘志で逆境を乗り越え逞しく成長したのも、この地下浪人の生まれという劣等感が大きく影響していたに違いない。なにしろ土佐藩には他藩には類をみない厳格な身分制度があったのである。

二十二歳のとき、弥太郎は江戸へのぼり、安積艮斎《あさかごんさい》の塾に入門した。もちろん地下浪人の倅が単独で江戸へ出ることは許されず、藩士の下僕として連れ出してもらっている。父はその留学資金として先祖伝来の山林を売却しているから、わが子の立身出世に大きな期待をよせていたのだろう。

だが、一年ほどして人生を狂わすような大きな事件に遭遇する。

父弥次郎と庄屋の島田便右衛門との間に争いごとがもちあがり、きわめて険悪な雲行きとなった。中に入る人がいて、手打ちのための小宴が便右衛門の屋敷で開かれる。が、酒が入るにつれ、感情がたかぶって喧嘩になったのだろう。泥酔したところをさんざん殴られ、弥次郎は全身紫色になって意識を失い、若者にかつがれて帰宅した。

数日して体力が回復すると、弥次郎は便右衛門の屋敷へ押しかけ直談判に及ぶ。が、便右衛門は知らぬ存ぜぬの一点ばりでラチがあかない。激怒した弥次郎は郡奉行に告訴した。だが、郡奉行は双方の言い分や証言を訊き、「泥酔の結果」として訴えをしりぞけた。それればかりか、親切に送りとどけた便右衛門の恩を仇で返すとは「不届千万」と、逆に入牢を命じられる。親戚を含めて誰もが弥次郎に不利な証言をしているところをみると、井ノ口村では岩崎家の評判は悪かったようだ。

〈このままではオシマイだ。有力者に働きかけて釈放を早めてくだされ〉

父の奇禍を知らされて弥太郎は江戸を発ち、土佐へ帰った。すぐに奉行所へ出向いて公正な取り調べを求める。だが、奉行所は取り合わない。逆上したか、弥太郎は詰所の柱に、「官は賄賂を以て成し、獄は愛憎によって決す」と大書した。

このへんに直情径行の弥太郎の性格がよくあらわれている。これが当局の怒りを買った。弥太郎は逮捕され、入獄の憂き目をみたのである。

はじめのうちはよかった。が、三カ月、四カ月と獄中生活がつづくと、しだいに気力はおとろえ、つれて自分のとった行動が悔やまれる。悲願の〝立身出世〟どころではない。将来への希望は断たれ、目の前は真っ暗だった。

〈このままではオシマイだ〉

弥太郎は焦り、母親に手紙を書く。

——有力者に働きかけて釈放を早めてくだされ……

――金に糸目をつけるな。進物をけちらず、どんどん賄賂を贈るように……

と頼みこんでいる。

「官は賄賂をもって成る。獄は愛憎によって決す」と当局を痛烈に批判した弥太郎とは思えぬ豹変ぶりだ。意地を捨て〈死んでたまるか！〉となりふりかまわず危機を乗りきろうと懸命である。

賄賂の甲斐あって弥太郎は息吹きかえし、七カ月後に出獄した。自宅謹慎を認められたのである。すでに残り少なくなっていた山林、田畑などの岩崎家の財産は、この賄賂などの多額の出費で半減した。間もなく処分が下り、弥太郎は村から追放される。

「開国貿易」「殖産興業」をとなえる吉田東洋に目をかけられた弥太郎の幸運

人間、万事塞翁が馬だ。村を離れた弥太郎は、やがて『小林塾』の門下生となる。小林塾は土佐の逸材・吉田東洋が開設したもので、ここには土佐藩の下級武士や郷士の俊秀が集まっていた。

「開国貿易」「殖産興業」をとなえる東洋は視野が広く、また身分に拘泥しなかったのが弥太郎の幸運だった。この非凡な手腕家に目をかけられなかったら、後半生の大活躍はなかったろう。弥太郎は東洋の推挙で〝郷廻り〟の藩職につき、西洋事情調査の命をうけて長崎へ出張する。立身出世の糸口をつかんで弥太郎は得意の絶頂だった。傲岸不遜な男だけに、栄達を夢み、もう大威張りである。

が、なんと、この吉田東洋が殺される。東洋は開国貿易をとなえ、藩政を牛耳っていたので、藩内の尊王攘夷派の反発を買っていた。尊攘派のリーダーは土佐勤王党の盟主・武市《たけち》半平太《はんぺいた》だが、武市は三名の刺客を使い東洋を暗殺したのだ。

東洋派はたちまち凋落し、土佐の藩政は尊攘派が握る。憤激した東洋の門下生は仇討ちを誓い、弥太郎は井上佐一郎と共に決死の大役を買って出た。引き立ててくれた大恩人を殺された激情からか、まさに直情径行の、血気にはやった行動である。二人は藩主の東上に加わって京を目指す。下手人が京の長州屋敷にかくまわれているとの情報があったからだ。

この藩主東上は武市派がもくろんだもので、随行員は武市派が主体となっていた。当然、弥太郎と井上の動きは武市派に筒抜けになる。逆に凄みをきかされ、もはや仇討ちどころではなかった。まごまごしていると、闇討ちにあう。弥太郎は〈どうして仇討ちなど買って出たのか〉とホゾをかんだが、いまさら取りかえしはつかない。

殺されては元も子もなかろう 名より命が大切だ

弥太郎は決意した。ここで仇討ちを放棄して逃げ出したら、東洋派ばかりか、土佐中の笑いものになるだろう。しかし弥太郎はメンツなどかなぐり捨て、生きる道を採っている。

弥太郎は兵庫で藩主一行からはずれ、大阪へ出た。そして「睡気朦朧《すいきもうろう》」として届け出を忘れたと弁解する。当然ながら罪をとがめられ、帰国を命じられた。作戦はまんまと図に当たっている。

井上佐一郎は殺され、武士として名をあげた。一方、弥太郎は「見下げはてた男」と嘲笑され、百姓の手伝いなどをして失意の日々を送っている。

〈恥がなんだ、面目がなんだ。殺されては元も子もなかろう。生きてさえいればなんとかなる！〉

弥太郎には、名より命が大切だった。

文久三年八月十八日の政変で尊攘勢力は凋落する。この政変は薩摩、会津両藩の武力を背景に公武合体派の上層公卿、在京諸藩主が尊攘派追放を企んだクーデターだ。土佐藩でも天朝の御沙汰を名分として土佐勤王党への弾圧を開始した。武市らは断罪され、東洋系の後藤象二郎、乾《いぬい》退助（板垣退助）らが藩政を握る。後藤は東洋の門下生で義理の甥でもあったから、同じ門下生の弥太郎も陽の目をみる。

後藤象二郎の引き立てで開始した海運業。大車輪の活躍

慶応三年、弥太郎は土佐商会の主任として長崎に赴任した。新留守居組に昇格し、藩の長崎貿易を一手に扱っている。

幕府倒潰後は大阪土佐商会に赴任。翌明治三年には土佐開成社を設立し、『九十九《つくも》商会』と改称した。藩から三隻の汽船を払下げてもらっている。大阪―東京、神戸―高知の海運業を開始した。後藤の引き立てといってよい。

明治五年、同商会は『三ツ川商会』に、翌六年にはさらに『三菱商会』と改称し、ここから弥太郎の大車輪の活躍がはじまる。新たに設立された『郵便蒸汽船会社』と血で血を洗うような激しい競争を展開したのだ。

この新会社は半官半民の三井系の会社である。政府の手厚い庇護のもとにあるから資金は豊富で、運賃値下げで挑んできた。

弥太郎は猛然と反撃した。瀕死の経営不振にさらされたが、〈死んでたまるか！〉

と歯をくいしばり〈蹴倒されたら蹴殺してやれ〉と社員にハッパをかけてぶつかっていく。しかし、なにぶん相手は強い。刀折れ矢尽きて、三菱商会は壊滅寸前となる。

ところが、明治七年四月、思わぬ慈雨が降った。台湾征討である。政府は軍事輸送を郵便蒸汽船会社に発令したが、同社も三菱商会との死闘で疲弊しきっていた。それに木戸孝允ら長州系は台湾征討に反対だから、長州閥と近い三井としては逡巡せざるを得ない。薩摩の大久保利通は、やむなく三菱商会へ軍隊と物資の輸送を命じた。仲立ちしたのが大隈重信である。

「天、われを見捨てたまわず」

こおどりした弥太郎は、政府所有の汽船を預かり、軍事輸送を行なった。

征討は五カ月たらずで終わる。が、この間の働きがものをいう。弥太郎は明治政府の大立物大久保利通に目をかけられ、翌年、三菱商会（この年『三菱汽船会社』と改称）は政府から「保護会社」に指定された。政府所有船十三隻と政府が買いあげた郵便蒸汽船会社（解散）の十八隻を無償で交付されている。さらに大久保は毎年二十五万円の運航助成金の支給を決めた。こうして弥太郎は海運界に独占的な地位を築く。

海運界に君臨〈すべてがおれの意のままだ〉

西南戦争でも三菱は巨利を得た。

大久保は大隈と相談し、三菱に十隻の汽船を破格の優遇で貸付け、軍事輸送を担当させた。しかもその船は戦後すべて三菱に下付している。この八カ月の西南の役で、三菱は政府が要した戦費の三分の一に及ぶ千三百万円を受けとっている。純益が八百万円というから凄い。この明治十年末、三菱が所有する汽船は六十一隻。当時の日本汽船の七十五パーセントを手中に収めて海運界に君臨した。まさに「海上王国三菱」である。

すべてが弥太郎の意のままである。

運賃は三菱が一方的に決めた。現金輸送には十万円につき百二十五円という不当な料金を徴収する。また十三年の春からは政府紙幣による支払いを認めず銀貨にかぎると通告した。

「紙幣の価値は下落しており、正貨一円に対し紙幣一円七十銭という状態なので、この措置の結果、運賃は一挙に七割引き上げられる」（『雄気堂々』城山三郎）といった具合である。

苦情をいえば、荷は野ざらしにされてしまう。いつまでたっても運んでくれない。当時の輸送は海上しかなかったから、荷主はどんな厳しい条件も呑まざるを得ない。その横暴を怒ったある資産家が汽船を買って動かした。すると三菱は、その汽船の運行に合わせて自分のところの汽船をつけた。ほとんど無料に近い運賃で、荷を横取りしている。その資産家はとうとう廃業に追いこまれてしまった。各地にある群小の船会社も、この手で容赦なく倒産させる。

三菱・三井〝狂気の沙汰〟の大戦争

歯ぎしりしたのが三井物産の益田孝だ。

三井物産には汽船が三隻しかない。いやでも荷の運搬には三菱の汽船を使うしかなかった。坂本藤良はこう書いている。

「三井物産で三菱に支払う運賃は年間七十万円を超えた。益田は岩崎に割引きを交渉した。だが、岩崎はビタ一文も割引きしなかった。一石五円の米を運ぶのに二～三円の運賃がかかった。しかも三菱の船で運ぶ荷物には、すべて三菱の保険をつけ、三菱の倉庫に納めることを強要した。運賃で儲けるだけでなく、荷為替料で儲け、倉庫料で儲けた」

これでは我慢にも限度があろう。三井物産はまるで三菱を儲けさせるために働いているようなものである。

益田は大蔵省時代の上司で、三井組とも親しい渋沢栄一に相談した。渋沢も三菱の暴虐な独占商法に怒り心頭に発していたから、協力して『東京風帆船会社』の設立をはかる。政商大倉喜八郎を仲間に加え、ひそかに地方の回漕業者や問屋に呼びかけた。

だが、弥太郎は先手をうって渋沢・益田の動きを封じてしまう。その策略に渋沢・益田は手も足も出ず、大海運会社の設立はかけ声倒れに終わっている。弥太郎は得意満面だった。

ところが、翌年、弥太郎の周辺に思わぬ異変が起こる。いわゆる明治十四年の政変で大隈重信が閣僚の座を追われたのだ。大隈は、大久保の死後、三菱の保護者を自任していた。その大隈が下野して改進党を結成し、反政府運動の先頭に立つ。これは弥太郎にとって由々しき大事であった。

渋沢・益田には絶好のチャンスである。二人は三井の保護者を任ずる長州の井上馨を説き、井上と同郷の農商務大輔《たいふ》品川弥二郎を動かす。品川は反大隈・反三菱の急先鋒だった。これら長州閥と三井の連合軍は明治十五年、ついに『共同運輸会社』を創立した。資本金六百万円という、まさに前代未聞の巨大会社である。

壮大かつ熾烈な戦いがはじまった。〝狂気の沙汰〟といってよい。

共同運輸はイギリスに発注した最新式船舶をぞくぞくと三菱の「黄金航路」に投入する。それも同じ港から同じ行先へ、同じ時刻に出航させている。真っ向うからの殴りこみだ。受けて立つ三菱も最新式船舶をイギリスに発注して対抗し、一歩もひかない。

同じ目的地へ同時出航となれば、どうしてもスピードを競うことになる。双方が洋上で抜きつ抜かれつの暴走合戦をくりひろげた。たまたますれ違う船が、味方を助けようと相手の船の前に立ちふさがって邪魔をする。当然、事故が頻発し、あげくはエキサイトした双方の船が「どっちが強いか、思い知らせてやる！」とぶつかり合う。このときは三菱の船が沈没した。

運賃の値下げ競争も熾烈をきわめる。神戸―横浜の三等運賃五円五十銭が四円、三円となり、さらに二円、一円、とうとう五十五銭に引き下げられた。それで船中では食事がつくというのだから乗客はホクホクだ。用のない人々までワンサと押しかけ、汽船はどんどん繁盛する。が、繁盛すればするほど会社の損失はふくれあがる。

この気違いじみた死闘で、三菱は甚大な打撃を蒙った。赤字は累積し、香港航路や琉球航路は廃止のやむなきにいたる。三菱為替店（三菱銀行の前身）も閉鎖に追いこまれてしまった。

病床から極秘裡に指令を出した共同運輸株の買入れ

不眠不休の陣頭指揮で、弥太郎の心身は疲労こんぱいする。神経は極度に苛立っただろう。「岩崎弥太郎は気が狂った」と噂が立った。それでもなお、弥太郎は渾身の力をふりしぼり「死んでたまるか！」と目を血走らせ踏ん張った。が、ついに病床につく。

三菱の命運は尽きるかと見えたが、共同運輸にも暗い翳りがさしていた。十七年には早くも無配に転落し、背後に三井が控えているとはいっても彪大な欠損をいつまでもかかえつづけることはできない。

事実、三井の主流はソッポを向き、政府内にも動揺が起こる。共同運輸は長州閥が音頭をとってつくっただけに、薩摩閥がこの死闘にひんしゅくし、「狂気の沙汰だ。どうケリをつけるのか」と長州派を責めはじめた。

こうなると、世間は敏感に反応する。共同運輸の株は下がる一方で、とうとう額面の三分の二まで落ちこんでしまった。株主たちはあわてて売り逃げにかかる。相当数の株式を引き受けていた三井にしても背に腹はかえられない。

弥太郎はここに目をつけた。病床から極秘裡に指令を出し、共同運輸の株を買う。明治十七年の末までに半数近くを手に入れている。共同運輸の経営陣がまったく気づかなかったというのだから、よほど巧妙に手をまわしたのではないか。

明治十七年十二月、朝鮮で大事件が勃発する。日本公使館が焼討ちされ、清国兵と日本兵が衝突したのだ。いつ戦火が燃えひろがらないともかぎらない。政府は狼狽し、軍事輸送の確保のために共同運輸と三菱の調停に乗り出した。三菱は応じる。共同運輸側では渋沢や益田が強硬に反対したものの、これまた応じ、調印した。

弥太郎が息をひきとったのは、その二日後である。

三菱の支配下に収められた日本郵船

弥太郎が死に、生気を取りもどしたのが共同運輸の経営陣だ。一カ月で協定は破られ、死闘が再開された。

三菱は弥太郎にかわって弟の弥之助が采配をふるう。弥之助は兄のかげにかくれて目立たなかったが、弥太郎が手塩にかけて育てあげた企業家だけに度胸と才覚がそなわっている。

弥之助は「兄の無念を晴らす」と果敢な戦いを展開した。なんと、五十五銭までせり下げられていた三菱汽船の運賃を、たったの二十五銭に引き下げている。そればかりか、乗客に手土産《てみやげ》までつけている。これには共同運輸もあっけにとられた。

弥之助は短期決戦を挑む。これ以上に戦いが長びけば三菱が壊滅するのは目に見えている。一気に勝負に出るしかない。弥之助は有り金を集めて補助金未返済分五十数万円を政府に返済した。時を同じくして、世間には「三菱汽船では品川沖に船をぜんぶ集めて焼き沈め、会社を解散するそうだ」と噂が立つ。

政府は動揺した。朝鮮事情が緊迫したいま、三菱の汽船を沈められては大事《おおごと》である。政府部内に両社合併論がもちあがり、反三菱強硬派の品川弥二郎は農商務大輔を辞任した。

両社合併に三菱は異議はない。共同運輸は重役が反対し、渋沢・益田はとくに強硬だったが、臨時株主総会で反対派は敗れた。賛成三三六九票、反対一二七三票の大差である。弥太郎が極秘裡に買い集めていた過半数の株がものをいったのだ。

明治十八年十月一日『日本郵船株式会社』が誕生した。出資額は共同運輸六百万円、三菱五百万円。この巨大な海運会社は出資額の割合いからみて、共同運輸が支配力を行使できるはずだった。が、実際には持ち株の多寡が決め手となり、やがて日本郵船は三菱の支配下に収められていく。

勝敗は数ではない。気魄だ

●項《こう》羽《う》

項羽《こうう》は鬱勃たる野心家だった。

少年のころ、こんなエピソードがある。叔父の項梁《こうりょう》が習字をならわせたが、いっこうにうまくならない。それではと剣術を教えたが、これまたものにならなかった。

「おまえは何を学ばせてもダメだ」

項梁が歎くと、項羽は胸を張り、

「習字なんか姓名を書ければよいでしょう。剣は一人が相手です。学ぶほどのものではありません。私は万人を相手にするものを学びたいのです」

と、うそぶく。そこで項梁は兵法を教えたというのである。

陳勝《ちんしょう》が秦朝打倒の烽火《のろし》をあげると、これに呼応して反秦武装蜂起が各地で起こり、中国全土が蜂の巣をつついたような騒ぎとなった。

項梁も反秦蜂起の一翼をになって挙兵したが、間もなく戦死し、かわって宋義《そうぎ》が指揮をとる。

項羽はこれが気にいらない。宋義を斬り殺して指揮権を奪うと、鉅鹿《きょろく》（河北省）の趙《ちょう》軍を包囲する秦の精鋭軍と対決した。

この戦いは凄絶の一語につきる。

強大な秦の正規軍に恐れをなしたか、城外に駐屯する趙の主力軍も、斉や燕の救援軍もいっこうに動かない。いや、手も足も出ないのだ。

ところが項羽は軍をひきいて黄河を渡るや、真っ向うから決戦を挑んだ。自らの手で自軍の釜をすべて打ちこわし、船もぜんぶ沈めてしまった。営舎も焼き払い、将兵が携行する食糧はわずか三日分とかぎっている。『破釜沈船』の故事がこれだ。

船がないから退却はできず、食糧はわずかで、もはや死ぬしかない。三日までに十倍の精鋭軍を撃破しなければ生きの目はないのだ。

「死んでたまるかッ!」

血相を変え、奮いたった項羽軍は、まさに死力をつくす。一人で十人の敵に当たり、息つく間もなく九度にわたって激戦を演じ、ついに圧倒的な秦の精鋭軍を撃滅した。

諸国の救援軍はただただ呆然と、驚き恐れるばかりだった。戦い終わって項羽が諸国の将軍を召集すると、みな項羽の前にひざまずき、一人として頭をあげて項羽の顔を見られる者はなかったという。

こうして、項羽は反秦連合軍の統領となった。名声は諸国にとどろき、諸侯も項羽の指揮下に入っている。

〈死地脱出の知謀奇略〉
●陳《ちん》平《ぺい》――

高祖（劉邦）の死で陳平は最大の危機をむかえる。このとき陳平は、樊噲《はんかい》を捕縛して都の長安へ帰る途中だった。

樊噲は病床にあった高祖に代わって叛乱討伐に出陣していたのだが、この樊噲をざん言する者がいた。高祖は戚《せき》夫人という美女を溺愛し、二人の間に如意《にょい》という子がいたが、樊噲は高祖の死を待ってこの母子を殺そうと企んでいる、と焚きつけたのだ。高祖は激怒し、陳平と周《しゅう》勃《ぼつ》を召し出して、「陳平は樊噲を斬れ。周勃は樊噲に代わって軍の指揮をとれ」と命じている。

陳平にとって、これはたいへん憂うつな役目である。なにしろ樊噲は大物で、高祖が沛で挙兵したときからの盟友だ。しかも樊噲は呂后の妹呂須《りょしゅ》をめとっている。つまり高祖の義弟である。いくら命令でも、呂后の妹の夫を斬れば、妹ばかりか呂后の激しい怒りを買うのは火を見るよりも明らかだ。生命の安全は保証されない。そこでとりあえず樊噲を捕え、処断は高祖にゆだねようと決断した。このへんが陳平の読みの深さといってよい。

彼は樊噲を捕縛して檻車へ入れ、都へ送り出す。代わって周勃が軍の指揮をとるのを見定めてから帰途につく。その道すがら高祖の崩御《ほうぎょ》を聞いたのだ。

この知らせに陳平は真っ青になる。呂后や妹呂須の怒りと復讐を思い、全身がふるえた。絶体絶命のピンチである。が、

「死んでたまるか！」

彼はいっきに決意した。全速力で車をとばす。檻車を追い抜き、第一の危機を突破する。すぐに使者と出会い、「滎陽《けいよう》に駐屯せよ」との詔勅を受けたが、彼はこの命令を無視して車を走らせた。もし命令どおりに駐屯すれば、後日、呂后から討伐軍を差し向けられるのは目に見えている。

長安へ着くと、彼はその足で宮中に参内し、柩《ひつぎ》の前で号泣しながら一部始終を奏上した。もちろん、柩のそばに控えている呂后に聞いてもらうのが目的だ。命令に背いて樊噲を斬らなかった点を強調したことはいうまでもない。その悲痛な訴えに、呂后は心をうたれたろう。

「そなたもご苦労でした。退がって休まれるがよい」と言葉をかける。

しかし陳平は退がらない。ここが正念場で、もし退がったらオシマイだ。だれが何をざん言しないともかぎらない。彼は、宮中に宿衛する

ことを懸命に願い出る。呂后は許した。陳平を宮中警護の長官に任命し、また孝恵帝（高祖と呂后の子）のお守り役も命じている。こうして彼は、みごと虎口を脱している。

〈死地脱出の大逃走〉

●劉備《りゅうび》

猛将呂布《りょふ》が劉備のこもる沛《はい》城を急襲した。劉備は単身、落ちのび、曹操に助けを求める。曹操は徐州への野心があるから喜んで劉備を迎えた。曹操自ら兵をひきいて下邳《かひ》を攻め、呂布を殺す。

　こうして劉備は曹操の客将となったが、間もなく曹操暗殺計画に加担した。この陰謀の主犯は献帝の外戚にあたる董承《とうしょう》で、彼は朝廷の実権が曹操に握られているのをにがにがしく思い、これを取り除こうとしたのである。この陰謀は露見し、董承はもちろん一味はすべて殺された。

たまたま劉備は曹操の命令で袁術《えんじゅつ》討伐軍に加わっていたから助かった。が、これではもう帰れない。やむなくかつての根拠地小沛《しょうはい》にこもり、関羽《かんう》に下邳《かひ》を守らせて曹操に反旗をひるがえす。そして袁紹《えんしょう》に使者を送って連合した。

劉備はすこぶるご機嫌である。袁紹が曹操討伐にミコシをあげ、いまや曹操は強大なライバルを向こうにまわして動きがとれない。合戦がはじまれば曹操が敗れるのは目に見えている。いまのうちに徐州を固め、さらに曹操の地盤を荒らして支配圏を拡げようと大張り切りだった。

が、どうしたことか。絶対に来るはずがない曹操軍が侵攻してきた。しかも曹操自ら精兵をひきいて攻めてきたのだ。

「そんなバカな！　来るはずはないッ！」

報告が信じられず、劉備は自分で確認すぺく城外へ出た。なんと！　曹操の指揮旗が風にはためいているではないか。

「し、死んでたまるか！」

叫ぶやいなや、劉備は一目散に遁走した。その早いのなんの、逃げ足はかくあるべしの見本の如く雲を霞と逃げ去っている。

袁紹のもとへ逃げこんだ劉備は客将として好遇された。が、それにしても置き去りにされた将兵こそいい面《つら》の皮だ。妻もトリコとなり、関羽も降参して捕虜となっている。

三十六計逃げるに如《し》かずと兵法にあるが、この逃げ足があったからこそ劉備は生き永らえ、曹操を終生の敵として競うことができたのだ。天っ晴れである。

誰もがやれる商売では駄目なのだ
要は、人が目を向けないところに
目をつけることだ！

浅野総一郎

〔あさの・そういちろう 一八四八―一九三〇〕

若くして渋沢栄一や安田善次郎の知遇を得て、一八九八年浅野セメント合資会社を設立。炭鉱や石油、ガスなど幅広い事業を展開し、浅野財閥の創始者となる。

誰もがやれる商売では駄目なのだ。

総一郎はこれまで故郷でそれをやって挫折失敗をくり返し、夜逃げの憂き目をみたのである。いわんや元手いらずの商売ともなれば、容易に見つかるものではない。

要は人が目を向けないところに目をつけることだ。みんなが気づかないで放ってあるものを探すことだ。

人が捨ててかえりみないものを拾うことで、財をものにするしかない。

いまにみてろ。きっと何かを探してみせる。稼いで儲けて、おれを嘲笑った奴らを見返してやる！

そうか！　東京では水でも金になるのだ

「冷やっこい、冷やっこい、一杯一銭、冷やっこいはいかが」

若者が道行く人に呼びかける。所は東京お茶の水橋、時は明治四年の七月。男は浅野総一郎で、富山から夜逃げしてきたばかりである。

「東京というところは、水でも金をとられる」

と人々がゲンナリしているのを耳にして、

「そうか！　東京では水でも金になるのだ」

とハッスルし、お茶の水の清水をくんで砂糖を入れ、一杯一銭で売り出したのだ。売り上げは一日平均四十銭。下宿代は月六円だから、まずまずだった。が、秋風がたちはじめると、だれも「冷やっこい」には見向きもしない。〝水売り〟はたちまち行き詰まる。

〈なんとかせにゃ。どんな商売がよかろうか……〉

誰もがやれる商売では駄目なのだ。総一郎はこれまで故郷でそれをやって挫折失敗をくりかえし、夜逃げの憂き目をみたのである。いわんや元手いらずの商売ともなれば、容易に見つかるものではない。

〈要は、人が目を向けないところに目をつけることだ。みんなが気づかないで放ってあるものを探すことだ。人が捨ててかえりみないものを拾うことで財をものにするしかない〉

総一郎はそう結論し、ふかく心に誓った。

「いまにみてろ。きっと何かを探してみせる。稼いで儲けて、おれを嘲笑《わら》った奴らを見返してやる！」

おれは銭屋五兵衛のような豪商になる！

浅野総一郎は富山県氷見郡藪田村の生まれである。兼業農家で、父は医者のかたわら田畑で鋤鍬をにぎっていた。

五歳の春、氷見の医者宮崎某の養子となった。が、勉強嫌いの総一郎に学問は向かない。十二歳のとき、

「医者なんかつまらない。おれは銭屋五兵衛《ぜにやごへえ》のような豪商になるんだ」

と思い立つと、もう矢も楯もたまらなかった。翌年、養家をとび出して実家へもどる。

銭屋五兵衛――総一郎があこがれた豪商銭五《ぜにご》はどんな人物だったのか。どんな仕事をやったのか。

銭五は加賀藩の豪商で、「海の百万石」と謳《うた》われた大商人だ。

生い立ちは定かでない。はっきりしているのは二十代に質屋や古着屋をしていたことくらいである。廻船業に手を出したのは三十代も終わりのころで、質流れのちっぽけなボロ船を修繕して海運業をはじめている。

その後、銭五は松前《まつまえ》廻船で順調に稼いでいたが、あるコトをきっかけに大躍進をはたした。コトとは銭屋の船を加賀藩の御用船に指定させたことである。

当時、加賀藩は、他藩同様財政赤字に苦しんでいた。肥後の細川家や薩摩の島津家などは商人から金を借りては踏み倒し、その悪名は天下に鳴り響いていた。米沢の上

杉家にいたっては借金で首がまわらなくなり、大名をやめて領地を幕府に返上しようとしたほどである。江戸後期の諸藩は累積赤字に大小の差こそあれ、どこも火の車に追い立てられていたのである。

加賀藩は財政を立て直すため、領内の商人たちに御用金の調達を命じた。これまで藩の財政を支えてきた大廻船問屋の木屋藤右衛門《きやとうえもん》や島崎藤兵衛《しまざきとうべえ》は度重なる献金にうんざりしていたから、難色を示す。藩当局もこれまでのいきさつから強いこともいえず、交渉は渋滞した。

このときである。銭五は、

「このたびの御用金は銭屋が全額引き受けましょう。そのかわりに藩の御用船を主宰させてほしい」

と申し出た。藩当局に異論はない。いまは苦境を乗りきるためにノドから手が出るほどお金が欲しい。それを銭屋が全額出してくれるのなら、御用船の主宰という交換条件などむしろ有難いくらいである。

銭五はさっそく二艘の船を新造し、御用船の指定をうけた。加賀はナンバーワンの大藩である。その御用船ともなれば、どこへ行っても顔がきく。万事優先の特権があるから、肩で風をきって大きな顔で商売ができる。銭五は加賀百万石「前田家」の家紋が入った提灯、幔幕、船印を最大限に活用した。

この梅鉢紋の後光によって、商売がいちじるしく伸長したことはいうまでもない。さらに銭五は通常の海運業ばかりか、朝鮮、ロシア、イギリス相手の密貿易も行ない、またたく間に巨大な海商へと飛躍している。

銭五は河北潟干拓事件で家財没収・闕所《けっしょ》となったが、そのころは大船三十余艘、小船二百余艘と、まさに〝海の百万石〟の威容を誇っていたのである。

人は四時間眠ればよい。それ以上寝るとバカになる

さて、〝銭五〟の大望を抱いた総一郎は母を口説いて資金を捻出させると、自宅の裏にちっぽけな工場を建てて縮機《ちぢみばた》をはじめた。

数人の女工を雇った十四歳の企業家は、意気軒昂で製品の縮帷子《ちぢみかたびら》を売り歩く。〈人は四時間眠ればよい。それ以上寝るとバカになる〉というのが信念だから、未明から

深更まで働きづくめ。えらいものだが、これでは女工がたまらない。女工哀史を地でいっている。

翌年、総一郎はさらに裏庭に小屋を建てて醤油の醸造をはじめた。衣食関連の商売は需要が大きく、相当な儲けがでると考えたからだという。だが、現実は甘くはなかった。縮機にしてもソロバン上は儲かるはずが、実際には原価がふくらみ、販売では商人に翻弄されて売値をたたかれ、さっぱり利益があがらない。売掛け金もなかなか回収できず、わずかな資金ではじめただけに原料の仕入もままならなくなる。醤油の醸造も同じことで、たちまち事業は頓挫してしまった。

しかし、これで意気粗喪するようでは〝銭五〟になれない。十六歳の春、総一郎は、農家に流行《はや》りはじめた稲扱機《いねこきき》に着目した。富山は稲作が盛んだから、この能率的な新しい農具を販売あるいは賃貸しすれば大儲けができると考えたのだ。彼はそちこちから三百両近い金を借り集め、京都から稲扱機を購入する。販売、賃貸しの予約もとっていたし、まず成功は問違いなかった。がなんという不運か。その年、富山地方は旱《かん》魃《ばつ》に見舞われて凶作となり、収穫は激減した。農民には稲扱機どころではない。この新商売もあっさりと挫折した。

産物会社設立、籾《もみ》で大損害、養家追放
蓆《むしろ》商会設立、高利貸から大借金、夜逃げ

スモール銭五は、相つぐ失敗にもこりることはない。ますます闘志を燃やして新商売を考える。

そんなところへ、偶然にも近村の大庄屋鎌仲家から養子の口がかかった。総一郎は一も二もなくとびつく。はじめは神妙に作男十数人を使って水田経営に励んでいたが、間もなく〝銭五〟の大望に浮かされる。鎌仲家の富と声望があれば、どんな商売でも不可能はなかろう。

総一郎は養父を説得して、産物会社を設立した。越後、加賀、能登の産物を扱い、北海道まで手をのばす。扱った商品は蓆《むしろ》を主として穀物、酒、鯵だが、裏日本一帯で鎌仲総一郎の名は鳴り響いたというから業績は盛大だったのではないか。

だが、明治維新で世の中は一変する。これまで大名の庇護下にあった地場産業は急速に衰弱した。明治二年、凶作に襲われると、総一郎は退勢挽回のチャンスとばかり

に籾《もみ》を買いあさる。大儲けを企んだのだ。ところが、新潟の商人たちに不良品をつかまされ、逆に大損害を蒙った。たちまち産物会社の経営は破綻し、借金の山となる。養父は激怒し、総一郎は鎌仲家から追放されてしまった。

しかし、まだまだ〝銭五〟の野望はゆるがない。総一郎は実家にもどると、近村をまわって蓆の生産をすすめる。この蓆の商売で再起しようと、氷見町に『浅野蓆商店』を開設した。さらに酒屋も開業。また金物や雑貨も扱った。資金ぐりのため能登の金貸し「お熊婆さん」から三百両を借りている。

お熊は四隣にその名がひびいた高利貸しだ。この無理算段が致命傷となる。再起を賭けた商売はたった一年で失敗し、総一郎はお熊のきびしい取立てから逃がれようと姿をくらます。夜逃げを決行したのである。

人が捨てたもの、コークス、コールタールで大儲け

東京へ出た総一郎は〝水売り〟で糊口をしのぐ。が、これはたちまち行き詰まる。

思案の末、彼は竹の皮に着目し、横浜へ移って小さな店を借りた。竹の皮の買出しに走り、これに手を加えて商品に仕上げ、市場で売る。毎日、十貫目（四十キロ）の竹の皮を天秤棒でかついで行ったという。一年ほどで、一人前の竹の皮商になっている。

当時、総一郎は大熊良三と名を変えていた。お熊の追及をのがれるためだが、「大熊」とは滑稽だ。さくという飯炊き上手な女性と結婚したのもこのころである。ときに総一郎は二十四歳。

竹の皮で商売の基礎を築いた総一郎は薪炭業へ手をのばす。さらに石炭も取扱って

外国商館へ納める。明治八年二月の火事で大損害を蒙ったが、不撓不屈のスモール銭五は間もなく石炭商人として再起した。

総一郎が本格的な商業活動に入ったのはコークスがきっかけだった。夜逃げ以来、彼は〈誰もが見向かないもの、人が捨てたものを拾うこと〉を信条としたが、コークスはその典型的な成功例といってよい。というのも、当時、コークスはコールタールと同様にガス事業の廃物だった。石炭をむし焼きにしてガスをつくるとき、これらの廃物が出る。もちろん利用法などわからないから、ガス局ではその処分に悩んでいた。

総一郎はこの廃物に目を向ける。燃料として活用できるかどうか、知人の技師に実験を依頼した。その結果が〝可〟と出ると、彼はさっそく横浜ガス局へ出向く。山と積みあげられているコークスの払下げを交渉した。ガス局は大喜びだ。総一郎はタダ同然の安値でこれを引き取り、セメント工場などに売りこんでいる。このころの勤勉な働きが渋沢栄一の目にとまり、後年の大飛躍の糸口をつかむ。

コークスで成功した総一郎は、明治十一年さらにコールタールに目を向けた。樽づめにして何百杯と引き取っている。コールタールは悪臭が強烈で、川へ捨てれば魚が死ぬし、ガス局ではこれまた処分に困っていた。総一郎はこの利用法に頭をしぼる。

が、これは難題だった。

ところが十四年になると、たまたま京浜地帯にコレラが流行した。コールタールを原料として消毒用の石炭酸がとれることを知った衛生局は、ガス局を通して強制的に買いもどしにかかった。総一郎は強硬に談判し、一樽五円の高値で決着をはかる。これまたタダ同然の安値で引き取っていたし、横浜ばかりか東京ガス局からも引き取っていたから、その利益は莫大だった。

公衆便所の汲取りで利益、肥料工場へ発展

総一郎の廃物利用はこれだけではない。彼は明治十一年に神奈川県から二千円の資金を借り出すと、横浜市中の六十三カ所に公衆便所をたてた。そしてその糞尿の汲取りを請け負い、年平均三千円の利益をあげている。これがやがて肥料工場へと発展し、これまた巨大な利益を生み出している。

その後、総一郎は産業資本家として大車輪の活躍をした。

渋沢栄一のあっせんで官業の深川セメント工場の払下げをうける。これが浅野セメントへ発展し、業界に支配権を確立した。

さらに炭鉱経営、ガス事業へと手をのばし、石油事業、海運業にも乗り出した。造船業、東京湾の埋立てなど、渋沢栄一の援助や同県人安田善次郎の金融をバックに事業を拡大、一代で浅野財閥をつくりあげている。

昭和五年、総一郎は八十三歳でこの世を去った。

彼は「一日二十時間労働」をモットーに、また「二二が五」とか「温泉につかるから体が悪くなる」とか奇嬌な言動を弄し、世間の耳目をあつめている。が、浅野総一郎の真骨頂は、幾度となく繰り返された挫折失敗にもめげぬ「死んでたまるか!」の精神である。この気迫と根性があったからこそ、加賀のスモール銭五は日本のラージ銭五に成長したといってよい。

最後に勝てばよいのだ！

益田　孝

〔ますだ・たかし　一八四八――一九三八〕

三井財閥創業期の名経営者。明治維新後、横浜で茶や海産物の取引業を始める。一八七四年、貿易商社「先収会社」を井上馨と共におこす。七六年、同社と三井国産方が合併した三井物産会社の社長となり、のち経営の近代化をはかって一九〇九年、三井合名の責任者となった。

三池炭鉱は三菱の手に落ちたも同然で、〈もう益田は死に馬だ〉と三菱の岩崎弥之助は大笑した。

死に馬にされた益田だが、どっこい益田は死ななかった。〈死んでたまるか！〉と三池炭鉱買収に執念をもやし、天下分け目の決戦を挑む。

〈入札価格をいくらにするか〉

絶対に落とさなければならないが、少しでも安くしなければならない。

益田は考えに考え、悩みに悩む。入札前夜は一睡もできなかった。朝になったら髪が白くなっていた。

なにがなんでも三池は買わねばならぬ、万が一にも三池が人手に渡ったら物産はおしまいだ

明治二十一年四月、官営三池炭鉱の払下げが決定した。払下げ代金は四百万円以上で十五カ年年賦。落札者は証拠金二十万円を即納し、第一回年賦金八十万円を本年中に納付する旨が告示された。

三井物産の益田孝は苦渋に顔をゆがめた。

〈なにがなんでも三池は買わねばならぬ。万が一にも三池が人手に渡ったら物産はおしまいだ〉

物産にとって、主力の三池炭鉱の販売権を失うことは致命的な痛手となる。これまで身を削るような苦労をして開拓した上海、香港、シンガポールなどの海外市場は閉ざされてしまう。絶対に三池炭鉱は買収しなければならない。

しかし、物産には百万円はおろか十万円の余裕もなかった。三井銀行から借りるしか手はないが、その肝腎な三井の銀行業務は膨大な不良貸付で不振をきわめ、行き詰

まっている。物産は益田がつくった外様《とざま》企業だけに、三井銀行が百万円という巨額の融資においそれと応じるわけはなかろう。

〈命を賭けた大勝負だな〉

益田は心に言いきかせ、

〈かならず三池は手にいれる。死んでたまるか！〉

と大きく息をのみこんだ。

益田は三井銀行を訪れ、総長代理の西邑《にしむら》虎《とら》四郎《しろう》に百万円の融資を頼む。〈三池炭の海外輸出は物産の最大の仕事である。もし三池炭鉱を三菱に取られたら三池炭の販売は不可能になる。物産が潰滅すれば、三井そのものの基礎もゆらぐ〉と懸命に説得した。

だが、予想どおり西邑は煮えきらない。物産は三井譜代《ふだい》の事業ではないから、破産寸前の銀行事業に致命傷を与えかねない巨額の融資に二の足を踏むのは当然だった。

相手は恐るべき大敵三菱だ どのような手練手管を弄するかわかったものではない

益田は二度、三度と足を運ぶ。が、それでも西邑は首をタテにふらない。沈黙をつづけるだけだ。益田はその西邑の顔を射るように見つめ、静かに言った。

「私には大きな財産はありません。でも、私が持っている物は、いっさいがっさい投げ出します。担保としては不足でしょうが、ぜひ融資をお願いします」

西邑は実直で高潔な人柄だけに感動した。益田の捨て身の真情にうたれ、ついに融資を認めている。

第一の難関は突破したが、戦いはこれからだ。勝敗の帰趨《きすう》を決める修羅場が目の前にある。なんといっても相手は恐るべき大敵三菱で、その謀略剛腕に益田は再三、苦汁を飲まされてきた。入札にあたってどのような手練手管を弄するかわかったものではない。

そもそも三池炭鉱の払下げは三菱の画策から始まっている。

これまで益田は官営三池炭鉱の石炭販売権を獲得して輸出に励み、物産の急成長をはかってきた。この三池に目をつけたのが三菱の二代目岩崎弥之介である。

弥之介は三菱の保護者を任じる大隈重信とはかり、政府に三池炭鉱の指名払下げ方を上申した。値段は三百万円。〈三池炭の販売権をもつ三井物産にこんな巨額な資金はない。三井銀行は火の車だし、この値段なら三井物産もあきらめざるを得ないだろう〉と弥之介は読んでいる。

が、この三菱の計略はつまずいた。大蔵卿の松方正義が〈三池炭鉱は外貨獲得の重要な財源だから、民間への払下げには反対だ〉と主張し、どうしても払下げるなら〈最低価格四百万円での入札を行うべきだ〉と強硬意見を述べたのだ。大隈は外相として政府の要職にあり、立場上、松方の正論にさからうことはできない。やむなく三菱への指名払下げ案は撤回し、しかし〈官業払下げはすすめるべきだ〉と強調して三池炭鉱の入札払下げを閣議決定させている。百万円ほど高くなったが、これでは三井はますます手が出せなくなる。三池炭鉱は三菱の手に落ちたも同然で、〈もう益田は死に馬だ〉と弥之介は大笑いした。

慎重にいかないと悔いを千載に残す――悩みに悩み、一晩で髪がまっ白になった

死に馬にされた益田だが、どっこい益田は死ななかった。〈死んでたまるか！〉と三池炭鉱買収に執念をもやし、天下分け目の決戦を挑む。

〈入札価格をいくらにするか〉

絶対に落とさなければならないが、少しでも安くしなければならない。もし三菱の入札価格を大幅に上回れば非難ごうごうとなるだろう。自分が火傷《やけど》をするばかりか、巨額の融資を認めた西邑にも火の粉がふりかかるのは目に見えている。

益田は懸命に知恵をしぼった。

〈四百万円が底値だから、三井の名で四百十万円を入れる。別の名義で四百二十万円台を一つ入れよう。そして絶対に『やらず』の札をもう一ついれよう。四百五十万円か……〉〈しかし、三菱も同じことを考えているかもしれない。もし同額だったら抽せんになる。クジではずれたら、泣くに泣けない。ここは五万円ほど上乗せしよう〉

益田は四百五十五万円と心に決め、「これで勝った」と大きく息を吐いてニンマリとした。が、不意に悪感が走る。

〈ひょっとすると、三菱もこの手でくるかもしれない。まて、ここは慎重にいかないと悔いを千載に残す。五千円をふやして四百五十五万五千円にすべきではないか〉

益田は考えに考え、悩みに悩む。後日、彼は「入札前夜は一睡もできなかった。朝になったら髪が白くなっていた」と語っている。フランス革命でギロチンにかけられたマリー・アントワネットは死刑前日、一夜で髪が白くなったと伝えられているが、その恐怖の思いは益田も同じだったのか。

あぶなかった。やっと生き延びれたか……

二十一年八月一日、いよいよ運命の日がきた。結果は、一番札が無名の佐々木八郎で四百五十五万五千円。二番札は京都の豪商島田善右衛門の四百五十五万二千七百円。三番目がこれまた無名の加藤総右衛門で四百二十七万五千円となっている。

一番札の佐々木と三番札の加藤はいうまでもなく益田の当て馬だった。もし三菱の入札価格が加藤より低かったら、佐々木がおりて加藤にゆずる作戦である。だが、二番札は島田だった。もちろんこちらは三菱の影武者である。三菱側は、
〈益田は、三菱の入札価格を四百五十五万円と読んで、二千五百円を上乗せしてくるに違いない〉
と推測し、だから、その裏をかいて、さらに二百円をプラスしたのだ。
もし、上乗せ分を二千五百円ではなく五千円と読み、そこへ二百円をさらに上乗せされたら、「四百五十五万五千二百円となるではないか……!」

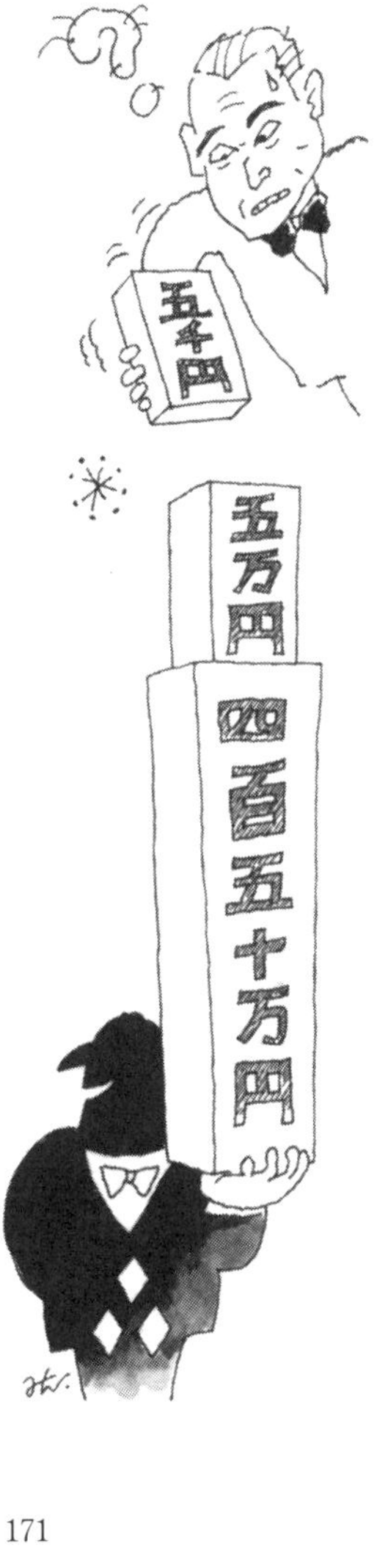

益田はゾーッとして息をのんだ。〈これが三菱の真髄なのだ〉益田はあらためてその凄味を思い知らされ、血の気が失せた。

「あぶなかった。やっと生き延びれたか……」

益田はつぶやき、深い安堵感にひたったが、その顔面は蒼白だった。

明治九年三井物産誕生。従業員十六人。無資本、無資産、その仕事ぶりは迅速

益田孝は嘉永元年、佐渡相川で生まれた。幕臣益田鷹之助の七人兄妹の長男である。父は佐渡金山の役人だったが、その後、函館奉行所に転じ、北海道へ渡る。益田十二歳のときだった。さらに江戸へ転勤し、ここで益田は英語を学ぶ。通弁（通訳）御用に取り立てられた。

文久三年、幕府は訪欧施設団を派遣したが、父は会計係を命じられ、益田も父の家来という名目でヨーロッパへ行く。帰国後、幕府が新設した騎兵隊の士官養成所に入った。

幕府が倒潰すると、益田は横浜へ出て茶や海産物を外国商館に売りこんでいる。そこで語学力を買われ、アメリカ商館のクラーク（番頭）になった。その後、ふとした縁で井上馨と面識を得、大蔵省の役人となる。渋沢栄一が直属上司であった。

だが、井上が司法卿江藤新平と衝突して大蔵大輔（次官）を辞めると、渋沢も辞職し、つれて益田も辞表を出す。井上は貿易商社『先収会社』をつくり、その実質的な責任者として益田は交易に従事する。が、社長の井上が政界へカムバックし、会社は解散ということになりかけた。

そこへ目をつけたのが、三井の大番頭・三野村利左衛門である。三野村は先収会社と三井国産方を合併して新しい商社をつくろうと考えた。社主は三井家から出し、社長が益田。資本は三井が出すので、当然ながら経営権や人事権は三井がにぎるという案である。

井上は賛成したが、益田は異をとなえる。社主は三井家から出してもよいが、経営権は社長の自分にまかせてほしいと主張した。そのかわり資本はいらない。そもそも商社は仕事をやって儲けた金で給料を払えばよいと力説している。

明治九年七月、三井物産が誕生した。従業員はわずか十六人。無資本、無資産の会社だけに、その仕事ぶりは迅速だった。

三池炭の輸出は三井物産を支える大黒柱に

アメリカ商館時代に扱っていた外米の輸入をはかり、つづいて石炭の輸出に取り組む。政府は官営三池炭鉱の石炭輸出を望んでいたから、益田はこれに物産会社の将来を賭けた。

その「疾《ハヤ》キコト風ノ如シ」で、益田は会社の設立登記が済まないうちに九州へ旅立っている。三池へ着くと石炭を燃やして品質を調べ、〈よし!〉と判断するや積み出し港を探して歩く。帰京すると工部卿の伊藤博文に面会し、一手販売の許可願いを提出する。しかも許可がおりる前に手まわしよく支店を長崎に開設した。

伊藤は国庫の収益をはかりたいから、トン当り一円五十銭で石炭の払下げを許可する。物産が儲かれば勇んで石炭の輸出に精励するだろうと計算したのではないか。物産が成長すれば〈うま味が出る〉と伊藤は伊藤なりに期待したかもしれない。

この石炭輸出は好調だった。上海を手はじめに、天津、香港、つづいてシンガポールと矢つぎ早やに支店を開設する。輸出量はどんどん増大し、その輸送面の強化をはかってイギリスから汽船を購入、「秀吉丸」「頼朝丸」と命名した。

好況はつづき、この三池炭の輸出は三井物産を支える大黒柱となる。もちろん物産では他の事業内容として『米方』を置き、取り入れの秋には地租米の取り扱いもはじめていた。また、生糸の輸出も手がけている。しかし、それらは三池炭を扱うほどのうま味はない。石炭輸出はだんぜん有利な商売だった。

この三井物産の好景気を横目に睨み、熟柿を強奪しようと企んだのが三菱である。三菱は三池炭鉱の払下げを大隈重信に働きかけた。その一部始終は先に触れたとおりである。

運命を暗転させた中上川彦次郎の出現

益田は死力をつくして三菱の強襲をしのいだが、ふたたび生死の淵に立たされる。ライバル中上川の出現で、益田の運命が暗転したのだ。

中上川《なかみがわ》彦次郎が登場したのは明治二十四年である。三井の保護者を自任する井上馨の依嘱を受け、不振の三井銀行の再建に当たったのだ。

中上川は嘉永七年の生まれだから、益田より六つ年下である。父は中津藩の士族で、母は同じ中津藩士の福沢諭吉の姉。つまり諭吉とは叔父・甥の間柄である。

明治二年、中上川は上京して慶応義塾に入る。福沢はこの甥をたいそう可愛がり、将来を期待したようだ。家族同様に寝食を共にしている。明治七年、中上川は洋行したが、その費用も諭吉が受け持っている。井上馨との関係は、井上が海外の財政経済の調査でロンドンに来たときに始まった。三年の勉学を終えて帰国した中上川は井上のすすめで工部省へ入る。

明治十二年、井上が工部卿から外務卿に転任すると中上川も外務省へ移り、すぐに公信局長に抜擢された。二十六歳のときである。井上がいかに中上川を見込んでいたかがわかるだろう。十四年に福沢が時事新報社を創立すると、中上川は社長に就任、五年間、新聞の発行に専念した。二十一年に山陽鉄道が設立されると社長に迎えられたが、その剛腕、奔放な経営が株主たちの不興を買い、株主総会の決議で社長を解任された。そんな失意の中上川に、たまたま声をかけたのが井上である。三井銀行を手術して蘇生させるという大任だけに中上川は奮い立った。

〈益田ナニスルモノゾ〉

このとき、諭吉は「三井銀行の改革は可能だろう。だが、気がかりなのは渋沢と益田だ。よくよく注意せよ」と言っている。これをみても、外様《とざま》とはいえ益田が三井で隠然たる力をもっていたことがわかるだろう。三菱との海運戦争、三池炭鉱の買収などを経験した勇将だけに、益田との軋礫が生じることを危惧したのではないか。

だが、傲岸不屈の中上川は〈益田ナニスルモノゾ〉の気概と自負がある。だから三井銀行に入ると、たちまち大ナタをふるう。機構改革に手をつけ、人事の刷新をはかった。慶応出身者と時事新報社時代の部下を多数採用し、朝吹英二、津田興二、藤山雷太、野口寅次郎、和田豊治、武藤山治、波多野承五郎、池田成彬、藤原銀次郎、日比翁助といった俊秀がぞくぞくと入社する。無能な者はどんどんやめさせ、この人事の総入替えで三井の体質は大きく変わった。

また、不良債権の整理に剛腕をふるう。東本願寺の百万円を筆頭に、これまで回収不能とされた貸付け金の取立てを強行した。政界の実力者も例外ではない。びしびしと取り立て、抵当権を設定する。最高権力者の伊藤博文に対して「総理であろうと、担保のない金は貸せません」と拒絶した話は有名で、桂太郎の別邸も差し押さえを敢行した。こうして六百万円を超す巨額の不良貸付けを容赦なく回収し、銀行の危機を救っている。

さらに中上川は工業重点主義をうち出し、王子製紙や鐘紡、芝浦製作所などを三井の傘下に収めていく。こうしたもろもろの改革を、中上川は冷徹かつ独断的に実行したのだ。

当然ながら、中上川が振りおろす大ナタは幾多の波紋をひき起こし、反発を買う。三井と渋沢栄一は古くて親しい関係だが、中上川は渋沢が君臨する第一銀行の株式を売り払っている。経営の実権が三井にはないというのが理由である。また、王子製紙に拡張資金を融資するかわりに藤山雷太を派遣して実権をにぎり、創業者の渋沢や甥の大川平三郎ら渋沢ファミリーを追い出してしまった。渋沢が怒るのも無理はない。

井上も不機嫌になった一人である。改革のために中上川を推せんしたのは井上だが、中上川は井上の期待以上に行動した。長州閥の政府高官は井上をとおして三井と関わりをもっていたが、その個人的貸し付けを厳しく回収し、抵当に入っている邸宅などを差し押さえて取りあげる。そればかりか、政界との腐れ縁を絶つという理由で官金取扱いも返上した。井上はさし控えるよう注意するが、剛直な中上川は耳を籍さない。井上は意見し、何かと干渉したが、中上川はこれを無視してびしびしとやる。〈やらなければ改革などできるわけがない〉と強硬である。井上は困惑し、憤慨し、ついに中上川攻撃を開始した。

小僧めが！　やってくれたな。いまにみとれ

この間、益田はどう動いたか。

手をうつどころか、ほとんど動かず中上川のなすがままにまかせていた。

不満、反発がないわけではない。いや、大有りだった。

外様とはいえ、益田は三井物産の創業者である。三菱との海運戦争では死闘を演じ、三池炭鉱の購入、整備にも心血をそそいだ。その貢献度は群を抜き、三井部内では最大の功労者をもって任じている。なのに、である。中上川が入社すると、わずか半年で三井部内の地位は中上川が上位となり、益田は下風に立たなければならなかった。

それだけではない。中上川は益田が創った三井物産を三井の直営にする。これまで独裁的に権勢をふるっていた益田は社長の任を解かれ、平重役に落とされてしまった。

とくに忿懣《ふんまん》に堪えなかったのは、益田が精魂こめて落札し経営した三池炭鉱を、いとも簡単に物産から切り離して三井鉱山会社とし、中上川の支配下に置いたことだ。

〈小僧めが！　やってくれたな。だが、わしは死なんぞ。死んでたまるか！　いまにみとれ〉

益田は眼を血走らせて歯ぎしりする。激しい怒りでハラワタが煮えくりかえっていたことだろう。

なのに益田は、こうした中上川の強襲に抵抗を示さなかった。挑戦すれば息の根をとめられるし、中上川が益田の反抗を心待ちにしていることを見抜いていたからだ。激情にかられて暴発するほど益田は単純な男ではない。ひたすら耐え、状況の変化を待つ。隠忍自重し、物産の業績を上げることのみに精励した。

同時に、骨董や茶の湯の世界に没入する。心の静穏を保ちつつ、茶の湯を通して長州派の政府高官や三井家の主人たちと意思の疎通をはかった。情報交換も行なって相互の友情を深めている。

〈最後に勝てばよいのだ〉第一級のしたたかさ、しぶとさ

こうして益田は時をうかがい、その時がきた。井上と中上川の軋轢が昂じ、対立が不可避となるや、いっきに井上を煽り立てて中上川排斥を開始する。

すでに中上川は孤立していた。三井銀行を拠点として工業路線を突っ走る中上川に三井家側は不安を感じはじめ、部内でも子飼いの慶応路線人事に対する不満、反感がつのっていた。さらに日清戦争後の反動不況で業績不振が追い討ちをかける。そこへ『二六新報』の三井家攻撃が起きた。これが意外な反響を巻き起こし、中上川は苦境に立つ。

心身ともに疲労こんぱいし、中上川は病床に臥す。四面楚歌の、失意のうちに中上川は世を去った。明治三十四年十月の初旬である。

中上川亡きあと、三井は益田の意のままになる。すでに茶の湯をとおして三井家や長州閥との結びつきは固まっていた。益田は工業重点の中上川路線を修正し、商業主

義路線への転換をはかる。同時に中上川門下生の排除を徐々にすすめた。慶応閥の逸材も一人去り、二人去り、数年にしてほとんど姿を消している。

明治四十二年、益田は三井の組織近代化をはかり、所有と経営を分離した。銀行、物産、鉱山、倉庫の四つの事業を株式会社とし、それらの本社として三井合名会社を設立した。三井合名は四社の全株式を所有して四社を支配し、さらに傍系会社、子会社と連なる三井コンツェルンを完成させた。こうして益田は三井最大の功労者として『社史』にその名をとどめている。

それにしても益田のタフな精神力には舌を巻く。三菱との死闘、中上川との争覇にみせたしたたかさ、しぶとさは第一級のものである。明治を代表する傑物の一人といっても過言ではない。

サバイバルの知恵

●賈《か》詡《く》

賈詡《かく》は武威郡姑臧《こぞう》の生まれである。若くして郷里から推せんされ、朝廷の役人になった。が、病にかかり、職を辞めて郷里で療養することになる。

その帰途のことだ。賈詡ら同行の数十人が異民族の反乱分子につかまってしまった。道づれはみな殺される。いよいよ賈詡の番になって、彼は平然と言ってのけた。

「わたしは段公（段熲《だんけい》）の甥だ。生かしておけば莫大な身代金を払ってくれるだろう」

頭目が二、三質問したが、段熲は同じ武威郡姑臧の出身だから、賈詡はすらすらと答える。臆する様子は毛頭ないので、頭目は信じきってしまった。

この段熲は後漢末の武将で、もっぱら異民族の征討に従事して大功をあげた。警視総監もやっているし、こんな猛将の甥を殺したらアトがこわい。頭目は賈詡を丁重に扱い、子分をつけて無事に送りかえしている。

実際には段熲とはなんの関わりもない。つまり名をかたったわけだが、死地に遭遇してとっさの機転をきかすあたりがさすがである。サバイバルの知恵といってよい。

賈詡は一時、董卓《とうたく》の武将・李傕《りかく》の参謀をつとめたが、間もなく愛想《あいそ》をつかし、同郷の将軍段《だん》煨《わい》に仕える。しかし段煨も器量人ではなく、見切りをつけると南陽の豪雄張繡《ちょうしゅう》にわたりをつけて参謀となる。

その後、曹操の麾下に入った賈詡は「官渡の戦い」でも功績をあげて重用された。だが、曹操が覇権を確立すると、賈詡は進言をつつしみ、才能を韜晦《とうかい》し、曖昧な応答に終始した。曹操の覇業に最大の貢献をした荀彧《じゅんいく》や数々の悲劇を見聞したからだ。こんな話もある。

後継者をだれにするかで曹操は迷い、家中も曹丕《そうひ》派と曹植《そうしょく》派に割れたときだ。曹操は、ある日、賈詡を呼んで意見を訊くが、賈詡は口をひらかない。

「そなたに訊いているのだ。なぜ答えぬ！」

曹操が怒気をふくんでなじると、

「はあ、いま別のことを考えておりまして……」

「なんだ、別のこととは！」

「はい。袁紹《えんしょう》と劉表《りゅうひょう》の親子のことです」

袁紹も劉表も長男を退けて次男に跡目をつがせ、この私愛に溺れた選択が亡国を早めた一因になっている。曹操はニガ笑いをして「もうよい。退がれ」と言ったという。

賈詡が、明瞭に「曹丕」の名をあげたらどうなるか。曹丕が太子となって跡目が決まればそれでよい。が、もし曹操が「曹植」と決断したら、その段階で粛清されるにきまっている。〈こんなことで殺されてはたまったものじゃない。死んでたまるか！〉賈詡の胸中にはその思いが去来していたのではないか。このサバイバルの知恵があったからこそ、賈詡は盛名につつまれながら七十七歳の天寿を全うすることができたのである。

〈死地脱出の機略〉

●張《ちょう》丑《ちゅう》――

中国の戦国時代、斉《せい》の国に張丑《ちょうちゅう》という重臣がいた。人質として隣国燕《えん》につかわされ、軟禁されていたが、両国の風雲急をつげると、殺されそうになった。

　張丑は脱走をはかる。はじめはうまくいったが、国境まできて監視の警備兵につかまってしまった。連れもどされたら、生きてはいられぬ。

　警備の司令官の前に引き出された張丑は胸を張って相手を睨みつけ、

「なぜ私を捕えたのか」

「おまえは張丑だ。かくそうとしてもムダだ！」

　司令官は威丈高に答える。

「かくす気など毛頭ない。私は正真正銘の張丑である。これから斉に帰るところだ」

「生きて帰れはしない。捕えて都へ送り返せとの命令がきている。待っているのは斬死の刑だ」

　司令官が冷笑すると、

「そう、やすやすと死んでたまるか！」

　張丑は不敵に笑ってアゴをつきだし、

「いいか、よく聞け。燕王がなぜ私を連れ戻そうとしているかご存じか。私が斉王から預かった宝石を奪い取るためだ。だが、その宝石は盗まれてしまった。この宝石のことは王と宰相しか知らないから、おそらく宰相が誰かに命じて盗ませたのだろう。いや、それはどうでもよい。いまここで私を逃がさなかったら、私はおまえが宝石を奪って呑んでしまったと言ってやる。燕王は必ずおまえの腹を裂き、腸をひきずり出して切りきざむだろう。私は殺されるが、おまえも死出の旅の道連れになることは確かだな」

　こう言って、薄笑いを浮かべると、司令官は青くなり、その夜、

「あいつは張丑ではない。別人だ」

　と言いつくろって逃がしたという。

　もちろん宝石の件はまったくの嘘っ八だ。しかし、嘘言も生き残る知恵の一つであり、生死のかかったここ一番ではみごとな機略といえる

だろう。このしぶとさはみごとである。

どん底から這い上るこの大芝居
●則天武后《そくてんぶこう》

則天武后は商人の娘から妃となり、皇后となり、中国史上唯一の女帝となった。

武后は前には武媚《ぶび》といったが、彼女の父は材木商で、唐の高祖が隋《ずい》の煬帝《ようだい》に叛旗をひるがえしたとき、形勢を見て高祖に軍資金を献じて臣になったといわれている。商人だけに抜目なく自分の娘を高祖の子太宗に差し出したのかもしれない。いや、やはり彼女自身が宮中に入ることを強く望んだのだろう。

ともあれ、武媚は太宗の妃となったが、それほど寵愛されなかった。数ある妃のなかには武媚以上に美しい女性がいたろうし、あるいは彼女の性格がきつく、太宗の好みにあわなかったかもしれない。思いどおりにいかず、それどころか、太宗が死ぬと彼女は尼にさせられてしまった。妃たちはみな尼になる慣《ならわ》しがあったのだ。

武媚は、絶望のどん底にころがり落ちる。が、ここが並みの女性と違うところだ。

〈このまま死んでたまるか！〉

と野望を秘めて太宗のあとを継いで皇帝となった高宗に目をつける。そして一世一代の大芝居をうつ。

舞台は法事の席だ。彼女は泣きに泣いて泣き崩れ、空涙を流しつづけた。

気をひかれ、高宗は感動してしまった。

しかも都合のよいことに、王皇后も武媚の真情（？）にうたれ、彼女を宮中に入れるよう強くすすめた。王皇后は高宗の寵愛を蕭 淑妃《しょうしゅくひ》に奪われて嫉妬に狂っていたから、武媚をつかってライバルをやっつけようと考えたらしい。

髪が伸びると同時に、武媚は宮中に入る。そして献身的に皇后に仕えた。皇后は喜び、武媚をさかんに褒めて高宗に売りこむ。高宗の心が武媚に傾くのも当然だろう。

武媚は高宗の寵愛を独占すると、一転して皇后へ敵対の色をみせた。王皇后は歯ぎしりし、こんどは蕭淑妃と共同して武媚を非難したが、もはや後の祭りである。

王皇后を蹴落として皇后の地位を獲得すると、武后は前皇后と蕭淑妃にあらぬ罪名を着せて処刑する。杖で百回も打ちのめし、さらに二人の手足を切断し、酒がめの中に漬けさせた。二人は漬かったまま数日、苦悶し、息絶えた。

武后にとって、次のライバルは高宗だった。高宗は虚弱な体質で温良だから、太刀打ちできるわけはない。彼女は政務を執行し、裁決に口をはさむ余地すら与えなかった。

天下の大権はことごとく武后がにぎり、すべてが思うままになる。高宗が死ぬと、武后は女帝を目ざす。障害を一つ一つ取り除き、ついに武后は帝位につく。聖神皇帝と称し、国号を周と改めている。

なんとも凄絶な女性ではないか。

こっちから頼んで歩かなくても向こうから売らせてくれと頼みにくるにきまっている！

江崎利一
〔えざき・りいち 一八八二―一九八〇〕

カキからとれるグリコーゲンを菓子にした「グリコ」を製品化、独創的な販売方法で大ヒットさせる。戦災で一切の資産を失ったが不屈の闘志で再興、「アーモンド・グリコ」「ワンタッチカレー」などのヒット商品を世に出した。

とにかく小売店が扱ってくれなければ商売にならない。

〈このままではどうにもならない。なんとかしなければ〉

心は焦るが、目の前は真っ暗である。

思案を重ね、考えに考えぬいて、ふと閃いたのが頂上作戦だった。

〈高い山から石を転がせば下まで落ちる。なにがなんでも大きな店を攻め落とそう。大きな店が扱えば、小さな店はかならず扱う。こちらから頼んで歩かなくても、向こうから売らせてくれと頼みにくるにきまっている〉

ここを攻め落とさなければグリコは死ぬ

江崎利一は苦心惨胆つくりあげたキャラメルを『グリコ』の商品名で売った。森永や明治と違った自慢の風味を強調したかったからである。

だが、まったく名が知られてないグリコは、大阪市内のどこの小売店でも売ってくれない。品質がよい、栄養がある、安いから、と口を酸っぱくして説明し、いくら頼んでも、すっかりバカにしきって店頭に置いてくれなかった。グリコの店員は途方に暮れて泣き出す始末だ。

とにかく小売店が扱ってくれなければ商売にならない。利一は〈このままではどうにもならない。なんとかしなければ……〉と心は焦るが、目の前は真っ暗である。思案を重ね、考えに考えぬいて、ふと閃いたのが頂上作戦だった。

「高い山から石を転がせば下まで落ちる。なにがなんでも大きな店を攻め落とそう。大きな店が扱えば、小さな店はかならず扱う。こっちから頼んで歩かなくても、向こうから売らせてくれと頼みにくるにきまっている」

いいアイデアだ。利一は俄然、奮起する。そして狙いを定めたのが大阪・北浜の三越だった。利一は意気揚々と出陣する。

しかし現実は甘くはなかった。無名のグリコを天下の三越が扱ってくれるわけはない。担当の主任に話をすれば「係長に頼め」といい、係長に話をもちこむと「主任の許可をとれ」という。利一は腹に据えかねた。が、ここで言い争ったら一巻の終わりである。利一は我慢に我慢をかさね、熱情こめて説得をつづけた。が、相手は鼻先であしらい、ケンもホロロでとりつく島もない。

利一は絶望し、泣きたくなった。が、〈ここを攻め落とさなければグリコは死ぬ。死んでたまるか！〉と心をはげまし、再三再四、足を運ぶ。十回、二十回と同じことをくりかえす。

〝栄養菓子グリコ、三越および信用ある菓子店にあり〟

とうとう相手が折れた。利一の執念に根負けし、「試験的に」という条件で扱うことがきまった。大正十一年二月十一日のことである。ちなみに、グリコではこの二月十一日を創立記念日として祝賀式をやっている。利一にはそれほど大きな感激だった。三越がグリコを置いたとなると、市中の大きな店も「それなら」と扱いはじめる。利一はさっそく朝日新聞や毎日新聞に広告を出した。

「栄養菓子グリコ、三越および信用ある菓子店にあり」

この新聞広告をグリコの店員は小さな菓子屋に持ち歩く。もう大威張りである。前のように肩をすぼめ、オドオドした表情はこれっぽっちもない。当然ながら、「それなら」「うちでも」と販促はスムーズにすすむ。こうしてグリコはどこの菓子屋の店頭にも置かれるようになったのだ。

宮本武蔵は『五輪書』で「角《かど》にさわれば優位に立つ」と説いている。〝角《かど》〟とはなにか。強くはり出したところ、重要な拠点の意味である。その突き出た強いところを攻撃するのを「角にさわる」というのである。利一は、まさしく、この角《かど》にさわって地歩を固め、展望をきりひらいていったのだ。武蔵流の企業家といっても過言ではなかろう。

これだ！　ブドウ酒を大樽で仕入れて、この空びんに小分けして売ればいい

江崎利一は明治十五年十二月、佐賀市外の蓮池村に生まれた。家業は薬の行商で、暮らしはひどく貧しかった。利一は幼いころから毎日、水くみなどの労働や弟妹四人の子守りに明け暮れている。近所の子どもたちと遊ぶ暇はまったくなかった。

小学校高等科を卒業すると、利一は父の仕事を手伝い、また早朝には村々をまわって塩の呼び売りをした。十九歳のとき父が死ぬと、家業をついで六人家族の大黒柱となる。父には大きな借金があったから、その返済に四苦八苦した。早朝の塩売り、日中は薬売りに精を出し、間もなく夜は登記代書業をはじめた。この代書業が繁盛し、

徹夜がつづく。二宮金次郎に優るとも劣らぬ克己勉励の日々だった。

二十五歳のとき結婚すると、利一は本業の薬売りに専念する。

そんなある日、大正四年のことである。たまたま佐賀の町を歩いていると、店の前で大量の空《あき》びんを荷造りしているのが目にとまった。〈この空びんをどうするのか〉〈どこへ送るのか〉利一は気になって店の者に訊く。答えは〈大阪の問屋に送る〉とのこと。さらに突っこんで事情を訊くと、この空びんに中身《なかみ》をつめて売りに出し、何度も回収して使うことがわかった。しかもビールびんに次いでブドウ酒のびんが増えているという。瞬間、利一の頭に稲妻が走った。

〈これだ！　ブドウ酒を大樽で仕入れて、この空びんに小分けして売ればいい。絶対いける！〉

閃きが、利一の人生を大きく変える。このブドウ酒のびん詰め売りが大当たりした。九州でトップクラスの取引き業者にのし上がっている。〈商いはアタマとマナコの働かせ次第〉というのが利一の持論だが、おそらくこの経験で商売の妙味を会得したのではないか。

この煮汁に、グリコーゲンが入っているかもしれない。ひょっとすると……

大正八年、ふたたび利一の頭に稲妻が走る。それは後半生を左右する大きな出来事だった。

春の陽ざしを快く浴びながら自転車を走らせていると、有明海の早津江の川原で、いくつか立ち並んだ粗末な小屋の煙突からもうもうと湯気が出ている。

「何だろう？」

と思って自転車をとめ、川原に降りていって小屋をのぞくと、大釜でカキを煮こんでいた。ふつふつと煮えたぎって汁が釜からふきこぼれ、漁夫がその煮汁をヒシャクで汲み出し捨てている。利一は薬屋だから、カキにグリコーゲンが含まれていることを知っていた。瞬間、

「この煮汁に、グリコーゲンが入っているかもしれない。ひょっとすると……！」

と閃く。利一はこの煮汁を分けてもらって帰ると、ガーゼでこして水飴ぐらいに煮つめ、これを専門家に分析してもらう。その結果に利一はおどりあがった。なんとグリコーゲンが四〇パーセントも含まれている。そればかりか、カルシウムも含まれていることがわかった。

利一はさっそく商品化を工夫する。はじめは栄養剤としてグリコーゲンの製剤を考えたが、病人相手では少ししか売れない。健康者のほうが圧倒的に多いのだから〈飴菓子がよい〉と結論した。これが一世を風靡した「一粒三〇〇メートル」グリコ誕生のきっかけだった。

もちろんキャラメルとして口にあう商品をつくるのは並大抵の苦労ではない。カキからとったグリコーゲンを入れるのだから、はじめのうちはとても食べられるような

ものではなかった。創意工夫し、つぎつぎと試作品をつくる。改良に改良をかさね、苦心惨胆、やっとの思いでキャラメルらしいものができあがった。

この試作品の完成が、事業化の夢をかきたてる。大正十年の春、利一は大阪へ進出した。四十一歳のときである。

堀江に工場を建て、製品ができた。が、いざ販売となると、新参者の悲哀を骨身にこたえて味わわされた。売りあげはまったく伸びず、経営は苦しかった。このままでは倒産は目の前である。〈死んでたまるか！〉精神で三越を攻略し、利一はやっと愁眉をひらく。このことは前に触れたとおりである。

いったん売れだすと、もう止まらない。「一粒三〇〇メートル」の勢いで突っ走る

しかし、まだまだ順風満帆とはいかなかった。たとえ商品が店頭に置かれても、売れなければどうにもならない。森永や明治のキャラメルは著名なだけに信用がある。それにひきかえ、グリコは無名で実績がない。子どもも親も、なかなか手にしてくれ

なかった。

当然、返品が多くなり、また経費がかさむ。といって広告をやめるわけにはいかない。利一は家族、従業員に三年間の耐乏生活を求めた。下着以外はいっさいの新調を禁じている。このとき店員は十四人、みな住みこみだった。一時は金に困って原料も買えず、高利貸からべらぼうな高利で金を借り、急場をしのいだ。後年、利一は「浮沈の瀬戸ぎわだった」と語っている。

利一は必死になって宣伝販売に血道をあげた。売り方にも、オマケをつけるなど数々の工夫をこらす。

その甲斐あって、やがて好調な売れ行きとなる。いったん売れ出すと、もう止まらなかった。あとはキャッチフレーズどおり「一粒三〇〇メートル」の勢いで突っ走る。「一粒で二度おいしいアーモンドグリコ」の標語をつくり出し、また販売では、オウムやジュウシマツがもらえる券をグリコに封入した「小鳥キャンペーン」を行なう。さらに「切手キャンペーン」で爆発的な人気を集め、売上げをいっきに数倍も高めている。こうしてグリコは全国制覇へばく進した。

うちは一箱十円のポケット菓子を売っている会社だ。とかく学校出の幹部は見栄をはってまでお金をつかう

ところで利一には面白いエピソードが数々ある。とにかくケチに徹した話題が多い。地方のお得意さんがやってきても歓待はしない。昼食時になると「これから、どちらへ」と予定を訪ね、車で送りとどけて接待は他社にまかせる。薄情かもしれないが、予算がないのだから仕方ない。車を提供するだけ大サービスといってもよかろう。接待といえば、グリコで経理部長をつとめた橋爪金吉が『江崎グリコのすごさ』でこんな体験を書いている。

松下幸之助（利一との誼《よしみ》で取締役を引き受けている）が来社したとき、昼食時刻になった。橋爪は利一に合図を送ったが、利一から何の応答もない。やむをえず多少強引に、「社長、昼食を淀川ホテルででも……」

と声をかけた。でも、利一は知らん顔の半兵衛をきめこんでいる。気まずくなったか、松下は間もなく腰をあげ、帰ってしまった。そのあと橋爪は利一から、

「松下さんは当社の重役だからその待遇は差し上げている。なのに、そんな身内の方に、なぜ昼食をホテルでしなければならないのか！」

と、みっちりアブラをしぼられたという。

また橋爪はこんなエピソードも紹介している。

利一のお供をして大阪駅前でタクシーを降りたときだ。基本料金が七十円の昭和三十年のころである。橋爪が運転手に百円札を渡し、「釣り銭がない」といわれるままに歩き出すと、いきなり利一が、

「釣り銭をもらわぬのはどうしたことか」

と怒り出した。そして、

「あの運転手と二度と会うことがあるのか」

と追いうちをかけ、自分の財布から七十円をとり出すと、それを運転手に払って百円札を取りもどしてきた。その百円札を橋爪の手に押しつけて、

「二度と会わない運転手に三十円のチップを渡すのは不必要だ」

と叱りつけ、

「うちは一箱十円のポケット菓子を作って売っている会社だ。とかく学校出の幹部級

は見栄をはってまでぜいたくにお金をつかう」と、さんざんコゴトを食ったという。ここまで徹底すれば立派の一語につきるではないか。

さらに特筆すべきは、部下への合理的な対処法だ。〈甘みがなくなれば、チューインガムのように吐き捨てる〉と評判をとったが、しかし企業家としては当然のことだろう。会社に貢献できなくなった幹部社員、無能な部下をそのまま放置しては組織は有効に機能しない。会社は救済機関ではないのである。したがって、利一の経営手法をとくに非難するには当たらない。某君の父親も〈噛み捨てられたチューインガム〉の一人だが、息子は「会社は人情の世界ではない。親父のように甘みがなくなったら捨てられるのは常識だ」と苦笑していた。とくにこれからのサラリーマンは、この自覚をもつことが不可欠だろう。

右顧左眄《うこさべん》することなく合理主義に徹した点でも、利一は傑出した企業家といえるのではないか。

《参考文献一覧》

『日本の企業家①』安岡重明他著／『日本の企業家②』宇田川勝他著
『日本の企業家③』石川健次郎他著／『日本の企業家④』下川浩一他著
『日本の歴史⑯⑳㉑⑫㉖』中公文庫版／「政商から財閥へ」揖西光速著
『実業界の巨頭』木本正次他著／『資本主義の先駆者』村上元三他著
『世界を駆ける企業家』田原総一朗他著／『雄気堂々』城山三郎著
『政商伝』三好徹著／『三井事業史』三井文庫編
『三井王国』邦光史郎著／『三井・三菱の百年』柴垣和夫著
『岩崎弥太郎』入交好脩著／『岩崎弥太郎の独創経営』坂本藤良著
『致富の鍵』大倉喜八郎著／『青雲の志について』山口瞳著
『やってみなはれ』邦光史郎著／『野村証券王国』邦光史郎著
『私の行き方考え方』松下幸之助著／『松下幸之助』野田一夫著
『我が六十年間』出光佐三著／『スピードに生きる』本田宗一郎著
『本田宗一郎の育てられ方』上之郷利昭著／『江崎グリコのすごさ』橋爪金吉著
『河村瑞賢』古田良一著／『江戸豪商の謎』駒敏郎著
『世界の怪商たち』田口憲一著／『私の履歴書⑩』江崎利一他著
『先駆者の発想』永川幸樹著／『〝異色〟創業者の発想』田原総一朗著
『稲盛和夫の挫折人生に何を学ぶか』永川幸樹著

「死んでたまるか」の成功術

著　者　　河野守宏
発行者　　真船美保子
発行所　　KK ロングセラーズ
　　　　　東京都新宿区高田馬場 2-1-2　〒 169-0075
　　　　　電話（03）3204-5161（代）　振替 00120-7-145737
　　　　　http://www.kklong.co.jp
印　刷　　中央精版印刷（株）　製　本　（株）難波製本

落丁・乱丁はお取り替えいたします。
※定価と発行日はカバーに表示してあります。
ISBN978-4-8454-0992-1　C0230　Printed In Japan 2016